CANYING FUWU JINENG ZHIDAO

餐饮服务技能指导

李 丽 编著

甘肃科学技术出版社

图书在版编目（CIP）数据

餐饮服务技能指导 / 李丽编著 . -- 兰州 : 甘肃科
学技术出版社 , 2023.5
　ISBN 978-7-5424-3073-1

　Ⅰ.①餐… Ⅱ.①李… Ⅲ.①饮食业 – 商业服务 – 教
材 Ⅳ.①F719.3

中国国家版本馆CIP数据核字(2023)第088553号

餐饮服务技能指导

李 丽　编著

责任编辑　刘　钊
封面设计　孙顺利

出　版　甘肃科学技术出版社
社　址　兰州市城关区曹家巷1号　　730030
电　话　0931-8121576 （编辑部）　0931-8773237 （发行部）

发　行　甘肃科学技术出版社　　印　刷　兰州万易印务有限责任公司
开　本　787mm×1092mm　1/16　　印　张　12.75　插　页　2　字　数　210千
版　次　2023年6月第1版
印　次　2023年6月第1次印刷
印　数　1~2 000
书　号　ISBN 978-7-5424-3073-1　　　　定　价　98.00元

前　言

本书依据餐饮服务与管理的客观规律，依据工学结合一体化课程的开发理念，在开展行业和企业调研、召开专家座谈会、提取企业典型工作任务的基础上，形成了餐饮服务礼仪、托盘、餐巾折花、铺台布、斟酒、上菜、分菜、中餐摆台、西餐摆台、菜单设计、中餐服务和西餐服务等实训项目。每个项目围绕职业能力的形成组织内容，以餐饮工作任务为中心整合相应的知识点。本书共设计了15个实验，48个实践教学课时。学生通过学习，能具备现代酒店、餐饮业所要求的各项餐饮服务技能，能胜任现代各种类型餐饮工作对于人才的高标准和高技能的要求。

本人长期承担"餐饮服务技能"课程的实践教学工作，教学经验丰富，教学过程中收集了大量的资料，形成了自己独特的授课讲义与实训方法。讲义已经在十届学生中使用并不断完善，教学效果良好，得到学生和用人单位的普遍认可。同时在长期的社会培训中，通过对各地星级酒店、社会宾馆、星级农家乐、旅游村等相关行业专业人员的培训并实际应用，积累了大量实训经验，获得了各地旅游主管部门及培训企业、员工的一致认可与好评。

《餐饮服务技能指导》是我们为旅游管理专业、酒店管理专业编写的一本特色教材；本门课程是旅游管理专业、酒店管理专业的必修课，以饭店餐饮业需求为教学背景，研究餐饮管理与服务的基本原理和实践操作技术及方法。通过餐饮服务实验，学生获得更强的专业知识和实践操作能力，增强职业和岗位意识，为日后的餐饮管理服务工作打下坚实的实践基础。本教材与同类教材相比，具体特点表现在以下方面：

1. 与本校《餐饮服务技能》教学大纲相契合。在编写中，我们参照酒店管理、旅游管理专业《餐饮服务技能》课程教学大纲对教材的体系进行了规划。避免了教材内容过深或过浅的问题，较好地体现了理论性与实践性的契合，教材内容也避免了和河西学院旅游管理、酒店管理专业其他课程的重复。

2.内容通俗易懂、可操作性强。《餐饮服务技能》作为一门应用课程,具有很强的实用性;针对这一特点,本教材尽量将服务技能训练与酒店管理实际相结合,使表述更为通俗,让餐饮服务经验尚浅的学生也能够尽快掌握餐饮服务的基本技能。

3.本教材理论与实践相结合,实用性强。对教学大纲中所列的实训项目分别加以重点介绍,以期使学生能够在操作技能方面有所提升。《餐饮服务技能指导》更加贴合地方餐饮企业实际发展需要,学生能够通过实训真正将所学知识与企业需求对接,为以后参与实习及工作打下坚实基础。

4.本教材能够结合甘肃省旅游业发展的最新要求,规范行业发展,满足旅游新型业态发展的需求。本教材的撰写结合甘肃省星级饭店等企业的实际餐饮服务情况,结合消费者需求,坚持以星级酒店服务标准提供餐饮服务,有效提升了行业规范标准。同时关注了近些年甘肃省旅游新业态的实际发展,如专业旅游村、星级农家乐、休闲农庄等,教材整体知识体系涵盖广,解决了新型业态企业发展中实际面临的服务问题,旨在更好地提升甘肃省整体服务质量。

本教材由河西学院2020年教材建设项目[河教发2020(28)号]资助出版,在教学及编写过程中受到了河西学院历史文化与旅游学院各位同仁的关心和帮助,在此表示谢意。

李　丽

于河西学院历史文化与旅游学院

2022年10月26日

目　录

第一章　餐饮服务程序与技巧

第一节　餐饮服务的基本要求

餐饮服务是指餐饮从业人员为顾客提供餐饮产品、顾客享用餐饮产品和使用餐饮设施等辅助性支持、接触与交流等活动的总和。它以满足顾客对于安全感、支配控制感、信赖感、便利感、身份地位感、自我满足感等的需求为基本内容。餐饮服务可分为直接对客的前台服务和间接对客的后台服务。前台服务是指餐厅、酒吧等餐饮营业点面对面为客人提供的服务，而后台服务则是指仓库、厨房等客人视线不能触及的部门为餐饮产品的生产、服务所做的一系列工作。前台服务与后台服务相辅相成，后台服务是前台服务的基础，前台服务是后台服务的继续与完善。

一、餐饮服务的原则

1. 物有所值原则

无论是实物性的餐饮产品，还是服务性餐饮产品，都要让顾客感到物有所值，甚至是物超所值。

2. 主随客便原则

提供的产品要符合客人的需求，针对不同的客人提供不同的产品和服务。餐饮服务具有明显的创新性，创新的内容应包括菜点的花色品种、服务项目、设备设施、服务环境设计、服务环节、服务方式等方面。

3. 诚实守信的原则

诚实是最基本的经营作风，也是展现餐厅良好形象、体现服务人员良好职业道德的基本保障。诚实守信更是客人选择就餐场所的第一关注点。

4. 宾客至上原则

宾客至上是指从事餐饮工作要时刻以客人为工作中心和重点，在服务过程中要摆正与客人的位置，还要学会进行换位思考，当客人的要求与服务工作相冲突时，要问自己："假如我是客人会怎样？"真正设身处地地为客人解决问题。服务必须以客人的需求为标准，同时兼顾饭店的规章制度。

二、餐饮服务的具体要求

（一）餐饮服务对企业的要求

（1）餐饮服务企业必须依法取得《食品经营许可证》，按照许可范围依法经营，并在就餐场所醒目位置悬挂或者摆放《食品经营许可证》。

（2）餐饮服务企业应当建立健全食品安全管理制度，配备专职或者兼职食品安全管理人员。

餐饮服务提供者应当按照中国《食品安全法》第四十五条的规定，建立并执行从业人员健康管理制度，建立从业人员健康档案。餐饮服务从业人员应当依照《食品安全法》第四十五条第二款的规定每年进行健康检查，取得健康合格证后方可参加工作。

从事直接入口食品工作的人员患有《食品安全法实施条例》第二十三条规定的有碍食品安全疾病的，应当将其调整到其他不影响食品安全的工作岗位。

（3）餐饮服务企业应当依照《食品安全法》第四十四条的规定组织从业人员参加食品安全培训，学习食品安全法律、法规、标准和食品安全知识，明确食品安全责任，并建立培训档案；应当加强专（兼）职食品安全管理人员食品安全法律法规和相关食品安全管理知识的培训。

（4）餐饮服务企业应当建立食品原料、食品添加剂和食品相关产品的采购查验和索证索票制度。

餐饮服务企业从食品生产单位、批发市场等采购的，应当查验、索取并留存供货者的相关许可证和产品合格证明等文件；从固定供货商或者供货基地采购的，应当查验、索取并留存供货商或者供货基地的资质证明、每笔供货清单等；

从超市、农贸市场、个体经营商户等采购的，应当索取并留存采购清单。

（二）餐饮服务从业者的素质要求

随着竞争的日趋激烈和消费者自我保护意识的增强，宾客对餐饮服务质量的要求越来越高。而餐饮服务质量的提高有赖于高素质的员工。因此，餐饮从业人员应树立正确的观念与意识，改善服务态度，更新本职工作所需的知识，提高管理与服务能力，从而提高餐饮服务质量。餐饮从业人员的素质要求主要有以下几个方面。

1. 思想政治要求

（1）政治上坚定

餐饮从业人员应坚持正确的政治立场，即应坚持党的基本路线，认真进行政治学习，在服务工作中，严格遵守外事纪律，讲原则、讲团结、识大体、顾大局，不做有损国格、人格的事。

（2）思想上敬业

餐饮从业人员必须树立牢固的专业思想，充分认识到餐饮服务对提高服务质量的重要作用，热爱本职工作，在工作中不断努力学习，奋发向上，开拓创新；文明礼貌、助人为乐、爱护公物、保护环境、遵纪守法；倡导爱岗敬业、诚实守信、办事公道、服务群众、奉献社会的职业道德，养成良好的行为习惯，培养自己的优良品德。

2. 服务态度要求

服务态度是指餐饮从业人员在对顾客服务过程中体现出来的主观意向和心理状态，其好坏直接影响到顾客的心理感受。服务态度取决于员工的主动性、创造性、积极性、责任感和素质的高低。其具体要求是：

（1）主动

餐饮从业人员应牢固树立"宾客至上、服务第一"的专业意识，在服务工作中应时时处处为宾客着想，表现出一种主动、积极的情绪，凡是宾客需要，不分份内、份外，发现后即应主动、及时地予以解决，做到眼勤、口勤、手勤、脚勤、心勤，把服务工作做在宾客开口之前。

（2）热情

餐饮从业人员在服务工作中应热爱本职工作，热爱自己的服务对象，像对待亲友一样为宾客服务，做到面带微笑、端庄稳重、语言亲切、精神饱满、诚恳待人，具有助人为乐的精神，处处热情接待客人。

（3）耐心

餐饮从业人员在为各种不同类型的宾客服务时，应有耐心，不急躁、不厌烦，态度和蔼。服务人员应善于揣摩宾客的消费心理，对于他们提出的所有问题，都应耐心解答，百问不厌；并能虚心听取宾客的意见和建议，对事情不推诿。与宾客发生矛盾时，应尊重宾客，并有较强的自律能力，做到心平气和、耐心答复。

（4）周到

餐饮从业人员应将服务工作做得细致入微、面面俱到、周密妥帖。在服务前，服务人员应做好充分的准备工作，对服务工作有细致、周到的计划；在服务时，应仔细观察，及时发现并满足宾客的需求；在服务结束时，应认真征求宾客的意见或建议，并及时反馈，以便服务工作做得更好。

3.服务知识要求

餐饮从业人员应具有较广的知识面，具体内容有：

（1）基础知识

主要有员工守则、沟通技巧、服务意识，礼貌礼节、职业道德，外事纪律，饭店安全与卫生、服务心理学，外语知识等。

（2）专业知识

主要有岗位职责、工作程序、运转表单、管理制度、设施设备的使用与保养、饭店的服务项目及营业时间等。

（3）相关知识

主要有宗教知识、哲学、美学、文学、艺术、法律及各国的历史地理、习俗和礼仪，民俗与宗教知识，本地及周边地区的旅游景点及交通等。

4.能力要求

（1）语言能力

语言是人与人沟通、交流的工具。餐厅的优质服务需要运用语言来表达。

因此,餐饮从业人员应具有较好的语言能力。《旅游饭店星级的划分及评定》(GB/T 14308—2003)对饭店服务人员的语言要求为:"语言要文明、礼貌、简明、清晰;提倡讲普通话;对客人提出的问题无法解答时,应予以耐心解释,不推诿和应付。"此外,服务人员还应掌握一定的外语。

（2）应变能力

由于餐厅服务工作大都由员工通过手工劳动完成,而且宾客的需求多变,所以,在服务过程中难免会出现一些突发事件,如宾客投诉、员工操作不当、宾客醉酒闹事、停电等,这就要求餐厅服务人员必须具有灵活的应变能力,遇事冷静,及时应变,妥善处理,充分体现饭店"宾客至上"的服务宗旨,尽量满足宾客的需求。

（3）推销能力

餐饮产品的生产、销售及宾客消费几乎是同步进行的,且具有无形性的特点,所以要求餐厅服务人员必须根据客人的爱好、习惯及消费能力灵活推销,以尽力提高宾客的消费水平,从而提高餐饮部的经济效益。

（4）技术能力

餐饮服务既是一门科学,又是一门艺术。技术能力是指餐厅服务人员在提供服务时显现的技巧和能力,它不仅能提高工作效率,保证餐厅服务的规格标准,更可给宾客带来赏心悦目的感受。因此,要想做好餐厅服务工作,就必须掌握娴熟的服务技能,并灵活、自如地加以运用。

（5）观察能力

餐厅服务质量的好坏取决于宾客在享受服务后的生理、心理感受,也即宾客需求的满足程度。这就要求服务人员在对宾客服务时应具备敏锐的观察能力,随时关注宾客的需求并给予充分满足。

（6）记忆能力

餐厅服务人员通过观察了解到的有关宾客需求的信息,除了应充分给予满足之外,还应加以记忆,当宾客下次光临时,服务人员即可提供有针对性的个性化服务,这无疑会提高宾客的满意程度。

（7）自律能力

自律能力是指餐厅服务人员在工作过程中的自我控制能力。服务人员应遵守饭店员工守则等管理制度，明确知道在何时、何地能够做什么，不能够做什么。

（8）服从与协作能力

服从是下属对上级的管理应答。餐厅服务人员应具有以服从上司命令为天职的组织纪律观念，对直接上司的正确指令应服从并切实执行。与此同时，服务人员还必须关照客人，对客人提出的要求应给予满足，但应关照有度，即满足客人符合传统道德观念和社会主义精神文明的合理需求。

5. 身体素质要求

（1）身体健康

餐饮从业人员必须身体健康，定期体检，取得卫生防疫部门核发的健康证，如患有不适宜从事餐厅服务工作的疾病，应调离岗位。

（2）体格健壮

餐饮服务工作的劳动强度较大，餐厅服务人员的站立、行走及其他服务等必须具有一定的腿力、臂力和腰力等，因此，餐饮从业人员必须要有健壮的体格才能胜任工作。

此外，餐厅服务工作需要团队精神，餐厅服务质量的提高需要全体员工的参与和投入。在餐厅服务工作中，要求服务人员在做好本职工作的同时，应与其他员工密切配合，尊重他人，共同努力，尽力满足宾客需求。

第二节　餐饮服务基本环节

餐饮服务大体可分为餐前预备、迎宾服务、就餐服务及餐后结束工作等四个环节。

一、餐前准备工作

餐前预备是餐饮服务的重要环节之一。它是餐饮服务的基础。餐前预备工作充分与否，直接与餐饮服务过程中服务缺陷和失误存在关系，同时也反映出餐饮服务专业水平的高低和服务质量的优劣。

餐前预备工作包括了环境预备、人员安排、餐前短会等几个方面的内容。

（一）环境预备

就餐环境是来宾选择餐饮场所的重要因素。来宾假如能在就餐前就感到就餐场所的卫生、安全、幽静、轻松的环境气氛，便会感到舒心和愉快，留下良好的初步印象，餐饮服务就差不多成功了一半。环境预备工作要通过外部环境和内部环境来体现。外部环境是指车位的安排、道路的清洁、卫生间的清扫等；内部环境是指服务员的服装、餐厅的清洁、室内温度及灯光的调节、餐台的摆放等。在此，介绍一下内部环境的预备情况。

1. 整理餐厅

在开餐前认真做好清洁工作。按设施、设备分类情况检查餐厅家具设备、工作台、餐桌、灯具、门窗、窗帘等是否完好无损、整洁有序；同时检查餐桌椅布局是否完美并合理摆放。

2. 物品预备及摆台

（1）物品预备。将开餐所需用的各种餐用具（如：餐具、饮具、调味品等）和服务用具（如：托盘、开瓶器、菜单、毛巾夹等）预备好。

（2）摆台：按要求及规范摆好餐具和用具。

3. 调节好室温与灯光

（1）调节好室温。依照季节及营业时刻将室温调节到适宜的温度，一般为18℃~22℃。

（2）调节好灯光。依照不同的就餐形式将灯光调节到适当的亮度，如宴会应是灯火辉煌。

（二）人员的分工与预备

在餐厅营业前，服务员有许多工作要做。工作任务明确，有助于服务员的各项预备工作顺利完成。

1. 人员的分工

开餐前依照客人的餐标、人数、进餐时刻等分配当班工作人员。

2. 个人形象的预备

做好个人卫生，佩戴好工号牌，仪表整洁。在职员工差不多完成各项预备工作后，开始营业前，由餐厅前台经理或主管负责主持短会。

（三）餐前会的召开

1. 检查开餐前的预备工作

环境卫生、台面的摆设、服务人员的仪表仪容等。

2. 餐前会的内容

（1）强调当日营业的注意事项，如当日推举菜品、已预订客人的专门要求等。

（2）总结昨天的营业情况，提出今日的工作要点，如已发生过的服务缺陷和失误及解决方法和预防方法等。

二、迎宾服务工作

迎宾服务是礼貌服务和个性化服务的开端，服务得当可使来宾有受重视和受尊重的感受，迎宾服务在餐饮服务程序中的具体要求是热情、礼貌、周到。

（一）热情迎宾

1. 用语礼貌

餐厅一般设专职迎宾员，当客人进入餐厅时，迎宾员应正确地使用敬语问候客人，让客人留下美好的第一印象。

2. 姿态优美

以优美的步姿、适当的速度引领客人去餐位。

（二）拉椅让座

1. 动作规范

迎宾员依照客人的人数、需求及餐厅的预订情况，礼貌地将客人引领到餐厅内合适的位置，主动为客人拉椅让座并注意拉椅动作要规范，拉椅要领是：用两手和右脚尖将椅子后撤，然后向前轻推，使客人方便、放心地坐下。

2.注意次序

引领客人入座时，应用心观察客人，按主宾次序礼貌地请来宾就位。

（三）送巾开茶

1.送上香巾

客人入座后及时送上香巾，注意香巾的温度（如冬季用热香巾，夏季用热或温香巾），用敬语提醒客人使用。

2.主动开茶

送上香巾后服务员应及时主动为客人送上第一杯迎宾茶（收费茶水除外），并注意茶水的温度及斟倒量等。

三、就餐服务工作

就餐服务是指引导客人点菜并按服务规范将客人所点菜点、饮料送上餐桌，同时依照客人就餐过程中的具体情况提供餐中服务和处理专门情况等。就餐服务包括点菜服务、上菜及餐中服务。

（一）点菜服务

1.递送菜单

客人入座后，迅速将菜单送上，待客人需要点菜时为客人提供点菜服务。

2.同意点菜

一般情况下，服务员站在客人右侧，依照客人的需求和餐厅供应品种情况适当推销菜肴，注意在认真倾听并准确记录客人选定菜点名称之后，当面复述以求确认。

3.分送点菜单

如复述准确无误,服务员将点菜单分送厨房、传菜部、收银台和自留,各一份。

（二）上菜及餐中服务

依照点菜单内容，按照不同餐的上菜程序进行上菜、摆菜、分菜等服务。

1.准确掌握上菜时机

服务员应依照客人的用餐情况，把握好服务节奏，做到既不让客人等菜，又不出得太快使客人感到有督促之意。

2. 提高服务效率

出菜时要核对，以免上错，摆上餐桌时应注意菜的观赏面；在客人进餐服务工作中，还要尽量减少不必要的走动，并观察客人的言行举止，据此立即提供针对性服务。

3. 增强应变能力

在餐厅里服务员会遇到各种各样的特殊情况，如客人喝醉酒、客人因不中意而投诉、餐中安全问题、突然停电等，这些都要求所有工作人员能做到相应的处理。

四、餐后服务阶段工作

餐后结束工作是指客人用餐完毕后服务员为其提供结账服务、送客服务和预备下一餐的具体工作。

（一）结账

1. 结账的方式

餐厅结账的方式常有现金支付、微信、支付宝、签单、信用卡或支票等。服务员应了解和掌握各种结账方法，做到准确、迅速且彬彬有礼。

（1）客人以签单方式结账时，应弄清客人的身份，并在签单协议的客户名单中查找相关资料（如具有签单资格者的差不多情况等），核对无误后方可签单，并请客人留下有效联系方式。

（2）客人用支票结账时，服务员要先将支票上各项内容认真查看（如印鉴是否齐全、是否有最高金额限制、是否有密码等），然后要求客人出示有效的身份证件，准确无误后方可同意。

（3）客人用信用卡结账时，应弄清该信用卡本餐厅是否使用。若能使用，应查看信用卡的有效使用日期，核对"支付"名单。将客人在餐厅消费的餐费、酒水等总费用刷卡后并附上分项账单请持卡人检查、核对和签名。服务员要核对客人签名与卡上签名是否一致。确认无误后将信用卡送还给客人。

2. 结账的注意事项

（1）服务员要在客人提出结账之前，清点好客人所消费项目及费用；以备客人提出结账要求时，及时、准确地送上账单。

（2）服务员应在客人主动提出结账时方可提供结账服务，分清付款人。

（3）结账完毕应向客人表示谢意。

（4）客人结账后并不等于服务的终止，而应接着为客人提供其需要的相关服务，如斟茶、送酒等。直至客人离去。

（二）送客

送客是礼貌服务的具体体现，表示餐饮部门对来宾的尊重、关怀、欢迎和爱护。

1. 送客要领

客人用餐完毕起身时，应为主要宾客拉椅。客人离座后应送至餐厅门口，提醒客人带好随身物品；发觉行动不便的客人，在征得其同意后应主动前往搀扶；离别时要礼貌地向客人道谢，欢迎客人再次光临。

2. 送客的注意事项

客人不想离开时绝不能催促，注意观察出入餐厅的客人，不要对没用完餐暂时离开座位的客人道别，以免引起客人的误会。送客服务的语言要规范、简洁。

（三）总结收尾

1. 收台

客人离去后，应及时对就餐区域进行收台清扫。检查是否有客人遗留物品，如有，遵照餐厅有关规定处理。

收台按布件类（餐巾、香巾）、玻璃器皿类、瓷器类及其他类的顺序分类收拾。

按照规范撤去台布，重新布置台面，摆齐桌椅，整理工作柜，补充物品。

2. 总结

经理检查收尾工作，召开餐后会，做简短总结，与接班者进行交接手续、交代遗留问题。同时填写工作记录，整理客人意见并提出下一步工作要点。如果当日结束营业，则应关闭各种电器设备，关好门窗。

第三节 中餐服务程序

一、餐前准备

餐前准备是在客人来到餐厅之前的准备工作。餐前准备，首先是任务分配，了解自己的服务区域，然后检查工作台和服务区域，熟悉菜单及当日的特选菜，了解重点宾客和特别注意事项。充分的餐前准备工作是良好服务、有效经营的重要保证，是不可忽视的重要一环。具体工作如下：

1. 清洁卫生

（1）每天开餐前，检查管辖区域卫生是否达到规定的要求。包括地面、墙壁、天花板、门窗、灯具、各种装饰品等。餐厅卫生主要包括环境、餐桌用具、服务桌、备餐间以及餐厅的公共区域。

（2）餐厅地面清扫干净，打蜡上光，地毯应每天吸尘，门窗玻璃要每天擦拭，灯具及各种装饰品要定期彻底擦拭。每天开餐前用干净的毛巾认真擦拭桌上用品，调味架、调味瓶不能有印渍，花瓶中的水要每天更换。

2. 安全检查

（1）检查所管辖区域的灶具是否漏气，管道和管卡有无松脱现象。

（2）桌椅板凳是否完好无损。

3. 准备餐具用具

（1）中餐厅所用的餐具很多，包括瓷质的味碟、汤碗、汤勺、饭碗、茶杯、杯碟、酒杯、筷子及筷托等。餐具配备的数量要根据餐位的数量来决定。注意餐具的干净、卫生，保证餐具无破口、无毛边、无磨损、无污痕、无手印、无灰尘、无油腻、无水渍并消过毒，使客人用餐放心、满意。

（2）餐厅用具主要包括菜单、烟灰缸、牙签、调味品（酱油、醋等）、花瓶、台号、冰桶、水壶、茶壶、各种茶叶、消过毒的毛巾、酒钻、启瓶器、顾客意见簿等。在服务过程中有可能用到的用品都需要准备好，并保证它们的干净卫生。

（3）布件类的台垫、台布、口布等，视情况而决定是否需要准备。铺台垫的目的是防滑、吸水和减少餐具接触餐台时的响声。台布、口布在色彩、质地上应协调一致，无破损、无漏边、无污渍等。

4. 物资准备

检查所备用物品是否准备齐全，如未准备齐全应及时补充齐全，避免在服务过程中因物资的欠缺引起服务上的不周。

5. 准备餐柜

（1）餐具要备到所管辖区域需用餐具的3~4倍，餐柜要定时消毒。

（2）备餐柜统一摆放整齐；根据备餐柜内物品特点，可对备餐柜内物品分类放置，如：

上左抽屉：筷子、餐巾纸。

上右抽屉：汤勺、漏勺、调羹、牙签。

下左抽屉：茶杯、杯碟、饭碗。

下右抽屉：水杯、酒杯。

下：卫生桶、垃圾袋。

备餐柜摆放在客人的眼皮底下，很容易被客人看到，所以服务员必须养成保持餐柜整齐、整洁，有随时清理的习惯。用过的餐具用托盘收回洗碗间，备餐柜内的摆放亦应分类整齐存放，以避免翻找餐具发出的噪声，在备餐柜边操作必须保持轻声，以免影响客人用餐。

6. 检查其他设备

（1）空调是否处于正常运转状态，温度是否适宜。

（2）排风扇是否已经开启。

（3）大厅电视、灯光有无问题。

（4）灭蝇灯布放位置必须有效、安全。

（5）消防设施周围是否有杂物，若有则及时清理掉。

（6）单据和个人工作用具。这些物品都要摆放在指定位置，以便随时取用。

7. 餐前工作例会

餐厅开门营业前应有一个短暂的例会，由餐厅经理或领班负责主持，其作用在于：

（1）检查所有人员的仪容仪表，如头发、指甲、鞋袜、制服等。

（2）使员工在意识上进入工作状态，形成营业气氛。

（3）强调当天营业的注意事项，布置重要客人的接待工作，提醒服务员注意一些已知的客人的特别要求。例会结束后，所有服务员迅速进入工作岗位，准备开门营业。

二、迎客

在开餐前5分钟，服务人员应在各自的工作区域等候开餐，迎接客人。

（1）热情迎宾。当客人进入餐厅时，迎宾员主动上前热情、礼貌地向客人问候，欢迎客人光临。以甜美的微笑给客人留下良好的第一印象，并询问客人是否有预订。在确认就餐人数等确需了解的情况后将客人引领到餐厅合适的餐位。

（2）拉椅让座。当迎宾员引领客人进入服务区域时，值台员要立即迎上前去问候客人，并为客人拉椅让座。

（3）送巾开茶。当客人坐下后，服务员及时从客人右边递上香巾，并使用礼貌用语："先生／女士，请用香巾。"茶用壶装好，如是收费茶水，服务员则应为客人介绍茶叶品种，依照客人所点茶叶品种按要求泡茶。从客人右边斟倒，并讲："请用茶。"杯中茶水一般斟七分为宜，不宜太满。斟茶时要特别注意不要将茶水滴落在客人身上或餐桌上，以免烫伤客人或污染台布。

（4）斟茶后应从客人右侧撤走筷套，并依照客人人数调整桌面的餐具和茶具，增加或撤走餐具时应使用托盘。

三、点菜

（一）点菜的基本要求

点菜服务应注意以下几点：

（1）时机与节奏：把握正确的点菜时机，在客人需要时提供点菜服务；点菜节奏要舒缓得当，不要太快也不要太慢，但要因人而异。

（2）服务要规范化。填写点菜通知单要迅速、准确，单据的字迹要清晰，注意冷菜、热菜分单填写。要填写台号、日期、用餐人数、开单时间,值台员签名。菜肴和桌号一定要写清楚。

（3）客人的表情与心理:在服务过程中,服务员应注意客人所点的菜和酒水是否适宜,这需要观察,区别对待。

（4）清洁与卫生:点菜中要注意各方面的清洁卫生。菜单的干净美观、服务员的个人卫生、记录用的笔和单据的整洁都要符合标准,才可使客人在点菜时放心。

（5）认真与耐心:点菜时应认真记录客人点的菜品、酒以及客人的桌号,认真核对点菜单,避免出错;要耐心回答客人的问题,当客人发脾气时,服务员要宽容、忍耐,避免与其发生冲突。

（6）语言与表情:客人点菜时,服务员的语言要得体,报菜名应流利、清楚,表情应以微笑为主,以体现服务的主动与热情。注意礼貌语言的运用,尽量使用选择性、建议性语言,不可强迫客人接受,不要用特别自我肯定的语言,也不要用保证性的语言。

（7）知识与技能:服务员要不断拓宽自己的知识面,提高服务技能,才能应付复杂多变的场面,满足不同顾客的不同需求。

（8）主动与应变:

客人所点菜肴过多或重复时,要及时提醒客人;如客人点菜单上没有的或已经销售完的菜肴时,要积极与厨房取得联系,尽量满足客人的需要或介绍其他相应的菜肴;如果客人所点菜肴需烹制时间较长时,要主动向客人解释,告知等待时间,调整出菜顺序;如客人需赶时间,要主动推荐一些快捷易做的菜肴;记清客人的特殊要求,并尽量满足客人。

（二）点菜基本步骤与方法

1. 问候客人

（1）礼貌问候客人,如:晚上好,先生。很高兴为您服务。

（2）介绍自己,如我是服务员小王。

（3）征询客人是否可以点菜,如:请问现在可以为您点菜吗?

2. 介绍、推荐菜肴

（1）介绍菜单时要做好客人的参谋，适时、适当推荐菜肴，向客人推销、推荐餐厅的时令菜、特色菜、畅销菜、高档菜。

（2）用看、听、问的方法来判断客人的需求，注意原料、口味、烹调方法、高低价格等方面的搭配；时刻体现对客人的关心，提供情感式的服务。必要时对客人所点的菜量、数量和食品搭配提出合理化建议。

（3）菜肴介绍应突出重点并有针对性，对某些特殊情况做好事前说明。

（4）熟悉菜单，对于客人所点菜肴要做到了如指掌。

3. 向客人解释菜单

菜单上每道菜都由菜名、价格和图片等组成，每部分都有独特的含义。现将涉及的有关内容分述如下：

（1）数量表示。食品和饮料服务都有一个量的概念。菜单上食品分量的表示方法有：用大、中、小表示的，如大杯可乐；有用具体数表示的，如三块炸鸡；有用器皿表示的，如一汤碗、一茶杯；有用重量表示的，如千克、克等等。菜单上所有数量的表示都要符合人们的习惯，要具体清楚，不要给客人错误的信息。

（2）质量表示。食品和饮料的卫生要符合国家的卫生标准。菜单上质量的表示，描述各道菜有关肉、鱼、禽、蔬菜等品种部位特征的词要名副其实，不能弄虚作假。

（3）价格表示。价格在菜单要明确标注。

（4）缺损菜品的解释，建议改点其他菜肴，或推荐同类同价位的菜肴，或推荐特色菜。

4. 记录客人点菜

记录客人点菜常用以下四种方法：

（1）使用点菜备忘单记录

点菜备忘单应将餐厅所有经营的酒菜印在点菜单上，服务员只需根据客人的选择在便笺上相应的菜名前作出标记即可。一式两份，一份留给客人，一份送到厨房。若客人改变主意而变更他们的点菜时，服务员在备忘的点菜单上划掉项目，就可防止混乱。这种方法非常简单，多用于早餐和客房餐饮服务。

（2）使用便笺记录点菜

由餐桌服务员或者专门负责点菜的服务员在客人点菜之前在点菜便笺上写明客人的餐桌号、进餐人数、日期、服务员自己的名字，并按自编系统或缩写记录桌上每个人的位置，然后再记录每一个人的点菜。

（3）使用自编系统记录点菜

自编系统有以下几种方法：①站在餐桌左角或站在客人的左侧，身体略向前倾，记录点菜时就从你右边的客人开始。②以某个人作参照，比如从穿红色外衣的女士开始。③以东南西北方向为参照物按顺时针方向进行。④把每一桌的椅子，仿照固定的位置加以编号。利用窗户、大门或其他明显的目标作为基准点，将每一桌的第一个椅子编为第一号，记为 NO.1。在记录客人点菜时，把这些椅子的号码写在便条上，尽量使用简略符号，以节省时间并迅速记录菜名。自编系统确定后，要求餐厅工作人员都熟悉和掌握各个系统代号的含义。

记录点菜时需注意以下一些方面：

服务员应注意仔细听取客人的点菜。用缩写形式记录点菜。这种缩写应是大家熟悉的。服务员在确信点菜已经记录之前不得离开餐桌。如有疑问应再度询问清楚，以免遗漏或错记。回答客人问讯时要音量适中、语气亲切。注意身体姿势，不可将点菜单放在餐桌上填写。

注意记清每位客人点的菜、每道菜要求烹制的程序、用何种原料及其配菜等。这样可以省去餐厅与厨房间无谓的奔跑，并免除客人不耐烦的等候。

应知晓各种菜、汤的烹调时间，并机敏地告知客人。客人经过衡量，也许会改变他的点菜。客人点错菜，千万不要与客人争吵，以宽容和耐心灵活待客。

用同一点菜单的客人要求分开账单时，需要通知厨房准备。用一些特殊的记号和缩写来标明，会使操作快捷。

（4）计算机记录点菜

将客人的点菜，包括菜的分量、价格、总金额等所有项目输入计算机，打印后交给客人并通过荧屏显示或网络系统通知厨房，这种方法已经越来越普及。

扫二维码点餐是近年来出现的新式点餐方式，具有快捷、直观、准确，可多人同时点餐，点餐结果即时通知厨房等特点；扫码点餐大大提高了工作效率和准确性，工作人员应及时提醒客人可多人同时点餐，在客人用餐过程中要及时关注客人是否有加菜、换菜等新的要求并及时处理。

5. 确认

点完菜后，要向客人复述一遍所点菜肴及特殊要求，并请客人确认。感谢客人，告知客人大约等待的时间。

6. 点酒

中国人饮酒有悠久的历史，酒能增加宴会的气氛，也能增进宾客间的感情，因此在客人确定菜品后还需要征询客人是否需要酒水；根据客人的消费要求和消费心理，向客人推销、推荐餐厅的酒水，介绍时要作适当的描述和解释。适宜地提出合理化建议，尽量使用选择性、建议性语言，不能强迫客人接受。

四、下单

点菜记录单的放置与信息传递、点菜单在厨房如何放置，不仅关系到厨师对食品的准备，而且对整个服务效果都有很大影响。每个餐厅都应制订一套行之有效的方法。下面的四种方法最常见：

（1）将点菜记录单放在圆轴架上。服务员在厨房把点菜记录单按次序或按桌号放置；新的点菜记录放在右边，以保证厨师按客人点菜的先后次序从排在左边的记录单上的菜开始准备；收接点菜记录单的人，必须重复一遍所点菜品，以便准确无误；当一个点菜单上的菜品准备好后，厨师应把点菜记录单和账单放在上面，以帮助检查点菜是否准备齐全。

（2）服务员把点菜记录输入计算机系统，通过网络传递，厨房就能从荧屏上看到显示出的点菜项目。

（3）厨房指定一人（厨师或其他工作人员）唱读每个点菜单。无论哪种方法，传递信息必须准确清楚。写完点菜记录单立刻送到厨房，放在点菜记录单呈放架上。放置点菜单时，要特别注意双层的点菜记录单，防止在匆忙中被忽略。

（4）由服务员唱读点菜。在小餐厅，服务员通过唱读客人所点菜，把信息传给在厨房的工作人员。这种方法要求服务员头脑清楚、记忆准确。

下单的注意事项：①填写点菜单和点酒单要准确、迅速、清楚、工整。②

填写内容齐全，点菜单注意冷热分开。③及时分别送交厨房、收银处、传菜部。④不同的菜单要按规定递交给不同的烹饪部门或责任人。⑤点菜单与酒水单应分开递交。

五、餐中服务

上菜要根据客人的需要进行，如有些客人要求先只上凉菜或热菜，有些客人要求上热菜速度快一些或慢一些等；主动为客人推介酒水等。并及时到吧台开单，注意无单不能出酒水等。如果客人没有特殊的要求，应按规范的上菜程序先凉菜、后热菜、先咸后甜的原则上菜。不可在小孩或老人旁边上菜，避免油渍汤渍撒在客人衣物上。最好提醒客人：你好，打扰一下，上个菜。每上一道菜都应将菜转到主宾位，后报菜名，并示意客人慢用等。上菜时要核对菜单，注意菜品的质量、分量、装盘，并注意划单、避免错菜，同时注意菜盘的摆放（一放中心、两个对称、三成三角、四成四方、五五梅花等）。带酱料的应先上酱料，上带壳的菜应上洗手盅或提供一次性塑料手套。

餐中服务应勤换骨碟、烟缸，勤加酒水茶水，勤清理台面的残物，做到不停地为客人服务，让其满意。如果在服务中有任何的异议或客人的投诉，应及时地通知经理或领班迅速解决。

六、餐后服务

（一）结账与送客

服务员一般不要催促客人结账，结账应由客人主动提出，以免造成赶客人离开的印象；当客人提出结账时，应先斟上茶水，送上香巾，买单前提醒客人退不退剩余的酒水；递送账单前先认真核对账目；核对无误再递送账单，请客人过目；呈送账单时，应使用账单夹或托盘送上，账单要求清洁、干净；对客人的疑问要耐心解释；如客人要求开发票时，要请客人帮助写清单位名称、税号等信息。收取钱款时注意礼貌用语，务必当着付款客人的面点清，也可带客人到收银台亲自结账。协助客人付款时，要先向客人道谢，请客人稍等，然后去交收款员。换回余款或信用卡单据后，要及时用账单夹或托盘呈送，交还客人，并请其清点、核查。如找回的余款数量较大，应待宾客查点并收妥后方可离去，结账后仍应满足客人的要求，并继续为其热情服务。

客人离开前，如愿意将剩余食品打包带走，应积极为之服务，礼貌送客。客人离开时，服务员应协助客人拉椅；检查是否有客人遗留物品，同时说"先生／女士，请带好您的随身物品"，将客人送到电梯口，同时说"慢走，欢迎下次光临"，目送电梯门关闭后方可离开，客人走后，要关闭空调和主灯。

（二）餐后整理

客人离开时，主动提醒客人带好随身的物品，并迅速地检查一遍，将客人送到大门口交给领位。客人离开的第一时间应关掉空调、电视、灯具等，只保留照明灯。严禁偷吃客人剩余的食品。收餐迅速、整齐，注意轻拿轻放，大小餐具分类收放，避免破损。先收玻璃器皿、瓷杯子、口布、小毛巾等，骨碟、翅碗、小汤勺、贵宾筷子、展碟等分类收拾。收餐具时注意大的放在下面、小的放在上面，以免破损，收入收餐筐时要适量，不可超量或挤压摆放。撤下台时应小心，避免打破转盘，大的转盘可请同事帮忙。剩余的酒水交回吧台并登记。清洗玻璃器皿等餐用具。按摆台标准进行下餐的摆台工作。整理周围的环境卫生，比如沙发、茶几、电视柜、空调等，保持干净整洁。清理备餐柜，补充适量的餐具、餐巾纸、牙签等服务必需物品。根据餐前准备标准打扫整体卫生。上交客人的意见表，并向上级汇报值台中客人反映的服务及菜品的意见和建议。向经理汇报，检查合格后协助其他员工完成收尾工作。在经理的安排下完成其他的工作，和经理打招呼后离店下班。

第四节　西餐服务程序

一、餐前准备

（一）清洁工作

1. 清洁公共区域

餐厅至厨房通道及餐厅员工所使用的厨房公共区域每天要及时保洁，通道及地面保持干净，没有杂物堵塞。

2. 清洁餐厅区域

餐厅门口范围及餐厅内地面、天花板、墙壁、饰物、镜子及植物，要干净整洁；餐台面、椅子、工作柜、储藏室需要清洁干净及摆放整齐。

（二）餐具的准备

1. 餐具的管理

银器、瓷器、不锈钢及玻璃器皿指定专人管理，全部餐具必须分类登记，定期盘点；早晚班要清点餐具，严格落实餐具清点制度和交接班制度。

2. 餐具的清洁

餐具有专人负责清洗，清洁后的餐具必须光洁，无污染、无水迹、无破损。银器、不锈钢及玻璃器皿要擦拭干净；银器、不锈钢要用温水加柠檬片擦拭，玻璃器皿要用热水擦拭；擦拭餐具时，左手用口布的一角包裹餐具的把手，右手用口布的另外一角擦拭；擦拭好的餐具表面应光洁，没有水迹和指印，确保餐具干净。

二、迎宾入座

1. 迎宾

带位员准时站在餐厅门口带位，如带位员超过一名，须分别站在餐厅门口的两侧，带位员必须保持良好的站姿，端庄自然，不依傍他物站立或闲谈。微笑迎候宾客，当客人走进餐厅门口时，立即以左手持餐牌，主动上前相迎，并礼貌地向客人问候：先生／女士，早上好；您好；晚上好；欢迎光临；请问几位？请问有没有预订？请这边走，先生／女士，请问贵姓……

当确认客人准备用餐，询问就餐人数，是否有订位；如客人已经预订座位，则按既定的安排带领客人入座。

2. 带领客人入座

带位员走在客人的右前方，伸手向客人示意方向，礼貌引导客人前行，步行速度适中，与客人保持一米的距离。到达座位后，询问客人对座位安排的意见，并视客人的要求做出调整，力求为客人安排满意的座位。请客人就座，带位员、餐厅主管、服务员应主动为客人搬椅子。待客人就座时，将椅子往前送，并说：先生／女士，请坐！客人坐好后，将台面的餐巾拿起，用双手拿起两边，并将餐巾轻轻打开，同时引导客人，将餐巾从客人右边为客人铺在大腿上。如客人有带大衣或大件行李，服务员需协助将物品摆好，如客人带小孩，先准备儿童椅，然后帮助儿童就座，带位员在离开时预祝客人就餐愉快。

图 1-1　引导客人入座

三、开餐服务

西餐正餐（包括午餐和晚餐）特点是用餐内容复杂，服务技术要求高，按传统习惯，英国人较重视晚餐，欧洲大陆国家较重视午餐。随着工作、生活节奏的加快，因午餐时间较短而晚餐时间较为充裕，所以现在欧美国家通常晚餐变为正餐。

（一）餐前服务

呈递菜单——待客人入座后，应在微笑问好后，向每位客人呈送一份菜单，打开其第一页后正面递给客人。

铺餐巾——按先宾后主，女士优先依次从客人右侧铺餐巾。

餐前酒水服务——首先询问客人喝什么酒水。应做相应介绍和推荐，记住每位客人所点酒水，以免送错，然后凭订单去吧台领取酒水，用托盘将客人所点酒水送上，应遵循先宾后主、女士优先的原则，通报酒名，从客人右侧上酒水，放在餐具右边，如客人不用酒水，则为其倒上冰水等。

（二）点餐服务

询问——当酒水服务结束后，客人会有充分的时间浏览菜单，随即可询问客人是否可以点菜。

介绍——主动向客人介绍、推荐菜肴，并耐心、如实地回答客人的有关提问，同时给予一定的时间让客人选菜，避免强行推销。

记录——西餐习惯是客人各自点菜各自食用，所以一般应从客人右手第一位客人开始，按逆或顺时针依次接受点菜，认真记录每位客人所点菜肴及其附加要求，如生熟程度、口味要求、配菜调料、上菜时间等。写端正，并加以编号，以免上菜时再询问某菜是谁点的。

传送——点菜完毕，复述一遍客人所点菜肴名称、数量，以获确认。复述时，应吐字清晰，语速适中。点菜单应迅速传至相关人员。

（三）正餐的出品顺序

西餐正餐上菜有特定的顺序，若非客人要求，一般按头盆——汤——色拉——主菜——甜品的顺序上菜。

头盆又称开胃菜，是指开餐的第一道菜，通常由蔬菜、肉类、禽类或海鲜等制成，一般数量较少，装入中小平盘或鸡尾酒杯，配以色彩鲜艳的装饰以诱人食欲。头盆有冷、热之分，以冷头盘多见。

汤分清汤、蔬菜汤、浓汤等，汤能增加食欲，客人在就餐时，头盆和汤一般仅选一种（根据客人喜好）。

色拉又称沙拉、沙律。意即凉拌菜，包括水果色拉、蔬菜色拉、荤菜色拉，由各种冷熟肉、禽等制成。

主菜是正餐的精华部分，可分为鱼类菜肴，由各种水产品制成；肉类菜肴，泛指一切畜肉、家禽制成的菜肴。

甜品类是正餐结束前的最后一道食物。包括蛋糕、布丁、冰淇淋和各种水果等甜味食品。另外，在餐后应提供咖啡、茶等饮品。

四、菜肴及酒水服务

（一）菜肴服务

补充、调整餐具——因西餐习惯是不同菜肴使用不同餐具，所以应根据各位客人所点菜肴内容，在上菜前为客人摆上与菜肴相适应的刀、叉、勺等餐具，撤去多余的餐具。补充调整后的餐具应按客人进餐顺序由外向里依次排列。

传菜"五不取"——数量不足不取，温度不适不取，颜色不佳不取，调料、配料不齐不取，器皿不洁、破损、不合规格不取。

上菜——应遵循先女后男，先宾后主的原则顺时针上，一般从客人右侧上。

先撤后上——每道菜用完均需撤走用过的餐具后再上菜，但需先征得客人许可。同时，不要单独撤个别进餐较快客人的餐具（除客人有要求），候等一桌所有客人用毕方撤，撤餐具时，应注意客人刀叉摆放，若客人将刀、叉呈八字形搭放于餐盘两侧，表示还要用，不可以撤，若客人将刀、叉交叉或平行放在盘中，则表示不再用，可以撤。

（二）酒水服务

酒水服务也可在点菜后进行，需向客人介绍、推荐与所菜肴相匹配的酒类。

西式菜肴与酒水搭配规律一般为：

头盆：一般干白，如用鱼子酱，则应配伏特加。

汤：一般不饮酒，若需要，则饮用葡萄酒或雪莉酒。

鱼类：饮干白或玫瑰葡萄酒。

肉类：与干红相配。

甜品：配餐后甜酒或有汽葡萄酒。

香槟可与任何菜肴相配，接受点酒时，应记录清楚。

下酒水单后领取酒水，并准备相应的服务用具。根据客人所点酒水，准备相应酒杯，并按要求依次摆好，一般摆在水杯左上方45°，2厘米处。在客人右侧斟酒，按示瓶——开酒——斟酒的程序进行酒水服务。

（三）餐中服务

斟酒——按客人饮用情况随时斟酒，若食用不同菜配不同酒，应为客人更换酒杯，若客人快速喝完，应询问客人是否需要添酒。

整理餐桌——在客人用餐过程中，应随时保持客人餐桌的整洁。特别是在上主菜前，应用餐巾将桌面的面包屑等杂物扫入餐碟，后再上主菜，主菜的主料部分应靠近客人，配料靠近餐桌中心。此外，在上甜点前则应撤走除酒杯外的所有餐用具，摆上甜点叉、勺后上甜点。

餐后饮料服务——待客人用毕甜点，值台员应推销并服务餐后饮料。餐后饮料一般为咖啡和红茶。

征询客人意见——在客人享用餐后饮料时，值台员或领班应征询客人对餐饮服务的意见。对客人提出的一些意见或建议应认真记录，及时处理或反馈给上级。

五、餐后服务

当客人通知要求结账时，要把账单在收银处打出并仔细核对是否与客人所点食品、酒水相符，比如：人数、所点食品、金额等，核对无误后，方可拿给客人。在客人的右手边打开账单夹后，递给客人，说，某某先生这是您的账单，并询问客人付账方式。付账方式通常有现金支付、刷卡、挂账（房账或公司账）、电子支付（微信、支付宝等）方式。

当客人站起来准备离开时，服务员要主动上前，按女士优先、先宾后主的次序为客人拉开椅子，提示客人携带好自己的物品，礼貌向客人道别，感谢客人的光临，并希望客人再次光临，目送客人离开餐厅；任何一位服务员遇到客人离开餐厅时，应礼貌地向客人道谢，欢迎客人下次光临。

客人离开餐厅后，服务人员应做好餐台区域保洁工作，重新布置餐桌及餐具，等候下一批客人光临。

第五节　其他服务程序

一、中餐宴会服务

宴会是在普通用餐基础上发展起来的高级用餐形式，也是人们交往中常见的礼仪活动。其形式主要有中餐宴会、西餐宴会、招待会、冷餐会和鸡尾酒会等，具体形式的选用取决于举办者的要求。

（一）宴会前准备

（1）参加餐前会议，了解宴会的具体任务，做好服务工作；做到九识四了解，九识，即知道参加宴会的人数、桌数、组织者、被邀请者、主人和客人的身份、宴会的标准和开幕时间、菜品的种类、菜品的顺序、收费方式；四了解是指了解客人的宗教信仰、风俗习惯，了解他们生活中的禁忌，了解客人的特殊需求以及会议和客房的安排。

（2）做好准备：熟悉菜单，计算餐具数量，准备足够的饮料，准备特殊的调味品；选择器皿等，器皿、餐具要备用20%；饮料按要求擦拭干净外包装，整齐地放在工作台上；根据宴会的类别和档次，保证灯光、室温、音响、家具和设施完好；做好宴会厅的卫生，按照摆桌标准摆放餐桌，摆桌后检查，做到整齐且符合要求。

（3）进行自我检查，检查个人外表，检查餐桌、桌布、台面餐具、各种调味品、烟灰缸、牙签等是否完好。摆放整齐，符合要求，椅子是否与摆放的座位相对应；工作台存放的菜单、托盘、备用餐具、小毛巾、物品是否齐全、干净；接受领班的检查。

（4）宴会开始前8分钟，根据需要提供冷盘。如果知道宴会酒水，提前5分钟倒红酒白酒（根据倒酒要求）；准备好了，饭前30分钟站在餐厅门口，和客人打招呼。

①在客人到达前5~10分钟，迎宾员在宴会厅门口迎接客人。

②客人到达后，应主动向客人问好，并统计访客人数。

③在客人面前邀请客人进入宴会厅，领先客人50厘米，步伐应与客人行走速度一致。

④当时间或人数接近时，宴会领班通知主办方最新人数，最后确认桌数和上菜时间，并及时通知中式厨房厨师。

（二）宴会布置

1. 员工外貌

按规定着装，佩戴正确的工牌，面部洁净，女服务员化淡妆上班；精力充沛，面带微笑，姿势标准；动作大方、优美、轻盈，不能拖拉；头发梳理整齐，发型符合酒店要求；手和指甲应清洁消毒。

2. 物品准备

准备桌椅、各种餐具、酒具以及宴会桌所需的物品。桌子不得损坏。桌腿应平直稳定，不得摇晃。根据宴会数量准备椅子，椅子应稳定，无任何损坏。椅背不得松动，多备20%餐具和酒具；符合卫生标准和宴会使用要求。准备物品时，使用托盘，小心轻放。

3. 铺设桌布

桌布应干净，无破损和褶皱。站在主位右侧，将折叠好的桌布放在餐桌中央，打开桌布，找出桌布面向自己一侧的边缘，选择一种方法一次性铺好桌布；要求桌布中央凸缝朝上，主副主对齐，桌布四周下垂部分相等。

4. 放置转盘

将转盘放置在餐桌中心指定位置，转盘中心与圆桌中心重合，转盘边缘与桌边距离均匀，误差不超过1厘米；试试转盘转动是否灵活。

5. 摆垫盘、吃盘

从主人位开始，按顺时针方向摆放，先摆垫盘，吃盘放置在垫盘上；图案对正（店徽在上方），摆放距离均等，距桌边1.5厘米。

6. 摆勺垫、勺

勺垫置放于吃盘正上方，与吃盘间距1厘米，勺垫中心与吃盘中心对正，勺置放于勺垫中，勺柄向右。

7. 摆筷架和筷子

筷架放在勺垫的右侧，带筷套的筷子放在筷架上（筷套图案朝上），以筷架的 1/3 为准，筷子尾部离桌子 1.5 厘米，筷子离盘子 3 厘米，平行于盘子中心线；如果使用长柄多用筷架和勺子，应将味碟放在餐盘前方 1 厘米处，筷架应放在味碟的右侧，长柄筷子和勺子应放在筷架上，勺柄离餐盘 3 厘米，尾端离餐桌 1.5 厘米。

8. 摆放牙签

小包装的牙签放在筷子右侧 1 厘米处，牙签距离桌子 5 厘米；牙签杯放在主、副主人筷子的右上角。

9. 摆放酒具

在勺垫前放一个红酒杯，中心要对齐，杯底离勺垫 1 厘米；白酒杯放在红酒杯右侧，间距 1 厘米，啤酒杯放在左侧，间距 1.5 厘米；三个杯子的中心成一条直线。

10. 放盖碗

将盖碗放在筷子的右侧，离筷子 2 厘米，离桌子 1.5 厘米。

11. 放烟灰缸

将四个烟灰缸放在主副主的左右两侧，离转盘 3 厘米，形成一个正方形。

12. 放香巾架

香巾架放在餐盘左侧，离餐盘 2 厘米，离桌子 1.5 厘米。

13. 折叠布花

餐巾折叠花需要七种方法折叠十种不同形状的布花；图案要分主次，图案是植物、动物等；一次成型，形象真实，褶裥均匀、美观大方，符合卫生要求；折花后，按要求放入水杯，根据主次客人适当摆放花朵。

14. 放插花

插花放在转盘中央，花对着主人。

15. 摆好椅子

椅子在圆桌四周摆放，数量为三、三、二、二，即三把椅子放在主人、副主人一侧，两把椅子放在另一侧，椅子背成一条直线；吃饭前，椅子要拉整齐，椅子中心面向餐盘，椅子内缘靠近桌布或桌裙。

16. 摆放桌子

摆放桌子后,要检查桌面装饰是否有遗漏,桌面装饰是否规范,是否符合要求。如果是多桌宴会,所有餐具、桌布、围裙、椅子等的规格和颜色应保持一致,并应保持整体协调。

(三)餐中服务

宾客坐好后,可致开场白:站在副主人处,面带微笑致所有宾客:"各位先生/小姐(领导):中午(晚上)好,欢迎光临本店,我是 x 号服务员,今天由我为诸位服务,祝大家就餐愉快,谢谢!"

撤花瓶(席位签),为客人铺餐巾、去筷子套,从主宾右侧开始顺时针转,撤去冷菜的保鲜膜(用服务夹操作);送香巾,席间送香巾三次,客人入座后一次,上完热菜后一次,客人用餐完毕再送一次,(上特殊的手剥菜时,应再送一次),并及时收回。送香巾时,要从客人右侧提供服务,并说"请用香巾";斟茶,斟七八成即可,为宾客斟茶时,不得用手触摸杯口。

斟酒服务:按斟酒服务规范操作。第一次斟时,用托盘斟酒,席间服务时可用徒手斟酒;开餐前若已斟上红酒和白酒,则从主宾开始斟倒饮料,征求客人意见:"请问您喜欢用哪种饮料?"宴会若未提前定好酒水,客人入座后,应先问:"请问今天用什么酒,我们这有……"客人选定后,按规范进行操作;宴会过程中,应注意随时添酒,不使杯空。

上菜服务:依菜单顺序上菜,按上菜、分菜的规范进行上菜、分菜。上菜时,每道菜都要报菜名,并做适当介绍,特色菜要重点介绍:"各位来宾,这是本店特色菜 xx,请品尝。"如客人表现出对此菜的较大兴趣,可适当介绍此菜的特点;放菜时要轻,有造型的菜注意看面朝向主宾;要掌握好上菜的时机,快慢要适当;菜上齐后,视情况可轻声告诉主人,也可说:"xx 先生,您的菜已上齐了。"

分菜时,可用转台式分菜、叉勺式分菜和工作台分菜几种方式结合;宴会服务中,要将 1/3 的菜进行分派。

席间服务:要做到一快,即服务快;三轻,即走路轻、说话轻、操作轻;四勤,即眼勤、手勤、口勤、脚勤;要做到勤斟酒水、勤换烟缸(不超过三个烟头)、勤换餐碟(不超过 1/3 杂物时);撤换烟缸时,把干净的烟缸倒扣在用过的烟缸上，一起撤下放进托盘，然后再把干净的烟缸摆回餐桌；换碟时，服务员用右手从主宾的右边依次撤去，同时换上干净的碟，并用礼貌用语（伸手示意）："打扰一下，给您换一下骨碟可以吗？"当客人帮着拿骨碟或提供了其他帮助时应说声："谢谢。"

宾客席间离座，应主动帮助拉椅、整理餐巾；待宾客回座时应重新拉椅、落餐巾；宾客祝酒时，服务员应立即上前将椅子向外稍拉，坐下时向里稍推，以方便宾客站立和入座；服务中要保持转台、餐台的整洁；宴会服务中，服务员要按规定姿势站立于离客人桌面1.5米处，应用眼光注视全部客人的情况，出现问题及时处理。

根据客人要求上菜、面点、汤，要先分汤，再将面点规整的摆上转台；上水果前，撤去所有餐具，换上干净盘子，视情况摆上刀叉等，端上水果，并说："水果拼盘，请慢用！"整个宴会服务过程，值台员必须坚守岗位。

（四）餐后服务

（1）客人起身离开时，服务员应拉好椅子让座，送上外套和包，并协助客人穿衣，然后礼貌地向客人道别并致谢。

（2）客人离开后，检查座位和台面是否遗留有手机、车钥匙等物品，如果有，及时归还客人。

（3）迎宾员应把客人送到门口或电梯，再次感谢客人，微笑着说再见。

（4）服务员依次退站，清点物品，做好卫生，恢复宴会厅原状。

二、西餐宴会服务

西餐宴会服务是很讲究气派、排场和规格的，高级宴会的服务需几个人看一台，通力协作，配合默契。

（一）西餐宴会的特点

西餐宴会使用的是刀叉等西式餐具，采用西式摆台，品尝西式菜肴，按西餐礼仪提供服务的宴会。西餐宴会的餐桌一般用长台，较少用圆台；用餐方法采用分餐制；一人一份餐盘，多套刀叉服务；每吃一道菜，更换一套餐具，不同的菜式摆上不同的刀叉餐具。不同的菜上不同的酒及酒杯。宴会厅灯光柔和、偏暗；点蜡烛，气氛轻松而舒适。宴会进行中有乐队伴奏或播放轻音乐。

（二）台型设计

宴会的场地布置要根据宴请活动的性质、形式、主办单位的具体要求、参加活动的人数、宴会厅的形状和面积等情况来制订设计方案。然后由销售预订员画出标准比例尺的布置图，注明所有布置的细节要求。

现场布置由宴会厅工作人员与花草装饰部合作完成。要求庄重、美观、大方，家具摆放整齐、对称、平稳，一切事项都要按宴会通知单的布置要求去准备。

图1-1，是几种常见的宴会台型设计：

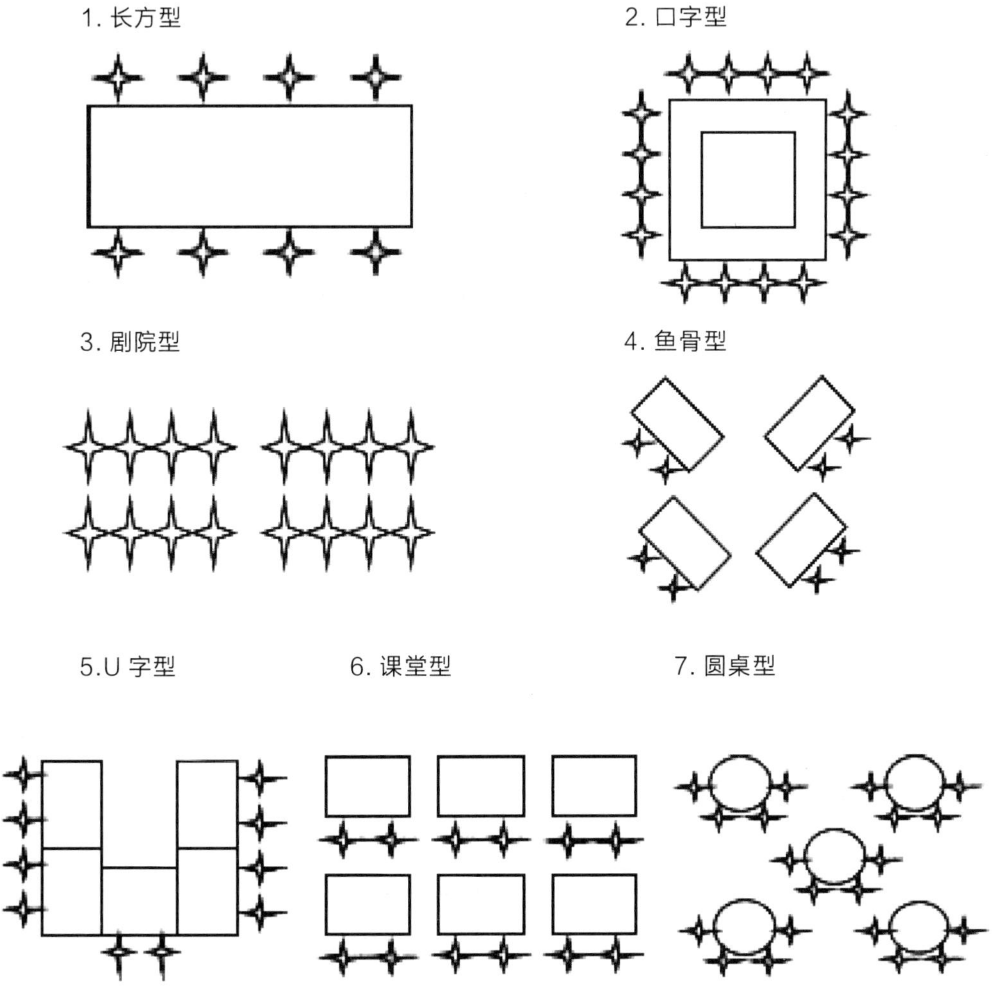

1. 长方型　　　　　　　　　　　　2. 口字型

3. 剧院型　　　　　　　　　　　　4. 鱼骨型

5.U字型　　　　　6. 课堂型　　　　　7. 圆桌型

图1-1　常见西餐宴会台型

主人一般安排在面向餐厅正门的位置上，第一、第二客人排在主人的两侧。使用长台时，主人安排在长台正中位置或者长台顶端。使用圆桌则与中餐宴会座次安排相同。

（三）西餐宴会服务流程

1. 准备工作

（1）了解情况。了解清楚外宾的国籍、身份、宗教信仰、生活习惯等。

（2）熟悉菜单。根据宴会菜单备齐各种餐具及其他物品。

（3）铺台、摆台。根据宴会的性质、参加宴会的人数、餐厅面积及设备情况设计台形，可摆成一字形、T字形、山字形、方框形、马蹄形等。铺台、摆台程序见前文铺台及西餐宴会摆台操作。

2. 迎接客人

（1）客人到达前5分钟，迎宾员在宴会厅门口迎候客人。

（2）客人到达后，应主动向客人问好，并统计入场人数。

（3）请客人进宴会厅，并在客人右前方半米外引领客人，步速要同客人的行走速度一致。

3. 上餐前饮品

（1）客人到来，服务员向客人问好，为客人拉椅让座，客人坐下后从右侧为客人铺上餐巾。

（2）询问客人需要何种餐前饮品，按客人要求送上餐前饮品并报出饮品名称。

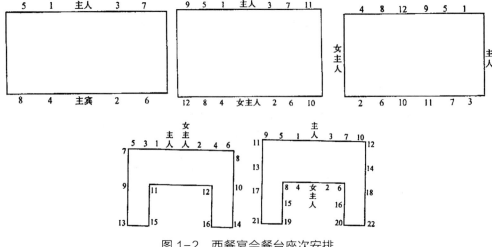

图1-2 西餐宴会餐台座次安排

4.上餐

宴会正式开始后，服务员开始为客人上餐。

（1）上头盘：上头盘时，按照先宾后主、女士优先的原则，从客人右侧上餐；当客人全部放下刀叉后，询问客人是否可以撤盘，得到客人的允许后，从客人的右侧将盘和刀叉一同撤下。

（2）上汤：将汤碗放在汤碟上面，从客人的右侧送上；待多数客人不再饮用时，询问客人是否可以撤汤，得到客人的允许后，要从客人的右侧将汤碗、汤碟和汤勺一同撤下。

（3）上葡萄酒时先请主人试酒，然后再为客人斟酒；应询问客人是否还用白酒，如不用，将白酒杯撤下。

（4）上主菜（操作同上头盘）。

（5）清台：用托盘将面包盘、面包刀、黄油碟、面包篮、椒盐瓶全部撤下，并用服务叉、勺将台面残留物收走。

（6）上甜食：先将甜食叉、勺打开，左叉、右勺，然后从客人右侧为客人送上甜食，待客人全部放下刀叉后，询问客人是否可以撤盘，得到客人的允许后，从客人的右侧将盘和甜食叉勺一同撤下。

（7）上水果：先为客人送上水果刀叉、洗手盅，然后送上准备好的水果盘。

（8）上咖啡：先在每位客人右手边摆上一套咖啡用具（咖啡杯、垫盘，盘上右侧放一把咖啡勺），然后用托盘送上淡奶壶、糖罐，站在客人右侧一一斟上。

（9）在客人用餐期间，随时观察，主动为客人添加酒水，及时更换烟灰缸。

5.结账

同西餐零点服务程序及规范。

6.送别客人

（1）客人离开时，服务员主动上前拉椅，礼貌地送别客人，并提醒客人勿遗忘物品。

（2）陪同客人到宴会厅门口，与迎宾员一起向客人道别。

（3）客人离开后，应检查台面是否留有烟头等易燃物品，发现手机、钥匙等遗留物品，及时送还给客人，并清理台面。

三、鸡尾酒会服务

鸡尾酒会是较流行的社交、聚会的宴请方式。举办鸡尾酒会简单而实用，热闹、欢愉且又适合于不同场合。它不需要豪华设备，可以在任何时候举行，与会者不分高低贵贱，气氛热烈而不拘泥。从酒会主题来看，多是欢聚、庆祝、纪念、告别、开业典礼等。鸡尾酒会以供应各种酒水为主，也提供简单的点心和少量的热菜。鸡尾酒会一般不设座，只准备临时吧台、食台，和自助餐相比，酒吧台则要大些，有时还设置两个，以方便服务。在餐厅四周设小圆桌，桌上放置纸餐巾、牙签等物品。

鸡尾酒会的服务程序：

（1）准备工作。根据宴请通知单的具体细节要求摆放台型、桌椅，准备所需各种设备，如立式麦克风、横幅等。①酒会前分工。宴会厅主管根据酒会规模配备服务人员，一般以一人服务 10~15 位宾客的比例配员。专人负责托送酒水，照管和托送菜点及调配鸡尾酒，提供各种饮料。②吧台准备。鸡尾酒会临时设的吧台，服务员负责在酒会前准备好。根据通知单上的"酒水需要"栏准备各种规定的酒水、冰块、调酒用具和足够数量的玻璃杯具等。③食品台准备。将足够数量（一般是到席人数的三倍数量）的甜品盘、小叉、小勺放在食品台的一端或两端，中间陈列小吃、菜肴。高级鸡尾酒会还准备肉车为宾客切割牛柳、火腿等。④准备小桌、椅子。小桌摆放在餐厅四周，桌上置花瓶、餐巾纸、烟灰缸、牙签盅等物品，少量椅子靠墙放置。

（2）服务工作。鸡尾酒会开始后，每个岗位的服务人员都应尽自己所能为宾客提供尽善尽美的服务。①负责托送酒水的服务员，用托盘托送斟好酒水的杯子，自始至终在宾客中巡回，由宾客自己选择托盘上的酒水或另外点订鸡尾酒。一般酒水托盘中放一只口纸杯，每杯饮料附上口纸一张。服务员负责收回宾客放在小桌上的空杯子、空盘子，送至洗涤间并将小桌重新布置。②负责点菜的服务员要保证有足够数量的盘碟、勺、叉，帮助老年宾客取食，添加点心、菜肴，必要时用托盘托送特色点心，负责回收小桌上的空盘、废牙签、脏口纸等。③吧台服务员负责斟倒酒水和调配宾客所点鸡尾酒，在收费标准内保证供应。

（3）结束工作。宾客结账离去后，服务员负责撤掉所有的物品，余下的酒品收回酒吧存放，脏餐具送洗涤间，干净餐具送工作间新消毒后备用，撤下台布，收起桌裙，为下一餐做好准备。有些鸡尾酒会不是包价的，其收费方式有两种：一种是记账，最后由主办单位一次付清。另一种是每位宾客点喝一杯，当时付一杯酒水的钱。管理人员在分工时，要向服务员讲明收费方式。如 cashbar 就是零杯卖酒，当场收费。

四、自助餐服务

（一）自助餐宴会服务程序

1. 准备工作

开餐前半小时将一切准备工作做好，自助餐台的食品要上齐并加热，餐厅门打开，领位员站在门口迎接客人，服务员站在桌旁，面向门口位置。

2. 迎接客人

客人进入后主动与客人打招呼，并向客人问好，为客人搬开座椅，客人坐下后，从右侧为客人铺口布。

3. 服务饮料

询问客人需用什么饮料，然后从右侧倒入杯里。

4. 开餐服务

开始用餐后，服务员要随时将客人用过的空餐具撤下；保持桌面整洁卫生。每位员工注意观察顾客的动向、眼神、手势，随时为客人提供服务。添加饮料，更换烟缸及为顾客添加食品。客人吃甜食时，要将主刀、主叉、汤勺、面包刀、面包盘等餐具撤下来；保持食品台的整洁，如果客人吃肉类食品如牛排、猪排等，则随时添加刀叉餐具。

5. 服务咖啡和茶

餐末，客人开始吃甜食时，提供咖啡和茶服务；服务员注意观察客人用餐情况并及时提供服务。将糖盅、奶罐准备好，所需餐具、用具提前摆在桌上；询问客人用咖啡还是用茶，然后接新鲜的热咖啡和茶为客人服务。

6. 送客

宴会结束时，要为客人把椅子挪开，然后站在桌旁礼貌地目送客人离开。

（二）自助餐厅服务员的服务程序

在自助餐厅，除服务员根据顾客要求服务汤、肉及蔬菜外，顾客还可以自己选取食品，为自己服务。自助餐厅服务员必须在整个过程中安排好各类食品，不能减慢服务线的工作。

1. 预备自助餐厅柜台

（1）物品准备：在服务开始前，服务员须将柜台、杯架、金属表层擦干净；托盘、餐巾、餐具要备足；餐桌和杯架必须整洁、安排有序；服务用具和碟供应要做适当的组合：同型号的碟要摆放在同一条线上。垫、凳及各类桌子应准备好。

（2）食品准备：调料、调味品和事先包装的食品应放在适当的地方；冷热饮料、食品及色拉、甜点、面包等要精心加以装饰后展示；展示主菜时，切好的肉片应堆高一些，肉丸应直线排放，肉块应放在盘中部。水果和蔬菜等色拉的安排要具有一定高度并成不同形状。安排色拉时，要把同一类不同颜色的菜品放在一起，以便顾客挑选。甜点柜台和其他部分也应该干净、安排有序。甜点应根据食品和容器的不同，按类组排，保持摆放匀称和成直线，并便于挑选。

总之，要使食品的装饰更有吸引力，更能刺激人们的食欲。

2. 提供食品服务

（1）迎接客人的到来。当顾客走近柜台时，要向他们问好；询问客人喜欢哪种食品，回答他们提出的问题，根据菜单提出建议。

（2）食品的分装。自动餐厅柜台的服务员，应按客人要求的分量来提供食品。如果分量不足会使顾客扫兴，分量过大会造成浪费。所以，服务员必须了解和熟悉每种食品需用盘碟的型号；食品装盘时不要让食品超出盘的边缘；色拉应事先按分量分到每个餐盘中，注意不要破坏盘中色拉的装饰，而且最好能让每一位客人都能看到这种装饰。

（3）主菜服务、面食服务。主菜是在蒸汽工作台上服务的。服务前要了解客人有何要求，如调味品、装饰分量等。服务员应给予帮助，满足其需要。

（4）饮料服务。饮料由客人自己服务或由服务员服务。客人自己服务时，冰块和饮料都必须放置在适当的位置。

（5）结账。服务线的最后是收款员记录顾客所要的菜，在账单上列出各项食品金额及总共款项。当收款员把账单递给客人时，顾客可以根据餐馆的不同制度在此时付款，或在用餐后付。

3.进行食品的添加

（1）添加食品的人员：每一个自助餐厅服务员都固定地服务某些食品，并且有责任在服务间隙将这些食品加满。应指定专门服务员协调供应服务线上的食品，他们把值台所需要的食品的信息通知厨师，再把厨房准备菜的信息通知值台服务员，这样值台服务员就不用离开服务线去增添所需要的食品了。

（2）添加食品的方法：不要把新鲜食品放在盛有剩余食品的盘子里；当客人取走色拉或甜点后，应及时予以补充；当食品从厨房端出来时，应把盘加满，因为客人都不乐意要最后的一份。

4.提供自助餐厅的服务

把装好食品的托盘端到餐厅，放到托盘架上，将食品从盘中取出，放在服务台上，所以餐厅应提供托盘架。调味品也要放在服务台的调味品架上。

当顾客离开后，餐厅服务员应立即撤走脏盘等餐具，清扫桌椅，重新布置餐桌和烟灰缸，打扫桌子周围的地面，并把椅子放回原处。

五、农家乐餐饮服务

"农家乐"是指久居城市的游客到农村去体验农家生活并获得乐趣的一种新型的休闲旅游形式。"农家乐"主要是由农民利用自家院落以及依托农村的绿色自然资源和乡村文化资源，以乡土特色吸引市民走进农村，吃农家菜、住农家屋、赏农村景的一种休闲方式。

（一）农家乐的起源与发展

"农家乐"一词在中国由来已久。最早出自南宋爱国诗人陆游之笔。陆游在他的《剑南诗稿》之《岳池农家》中就有"农家农家乐复乐，不比市朝争夺恶"的诗句。但是，"农家乐"真正作为一项旅游产业还是中国改革开放以后的事。在 20 世纪 80 年代中后期，由于中国城市化和社会经济的迅速发展，人们的生活水平不断提高，闲暇时间日益增多，大众化的休闲方式逐渐兴起，休闲旅游逐渐成为现代人都市生活的一部分。在喧嚣的都市，人多拥挤，尾气污染，环境质量堪忧，加上生活和工作压力大，人们渴望回归自然，舒展身心。而乡村自然风景优美，绿色景观多，空气新鲜，很适合城里人去休闲旅游。在这个背景下，长期生活在城市的人，在假日里走出闹市，走进乡村，回归大自然，感受乡村文化，体验农家快乐，迅速成为一种时尚，于是"农家乐"这种乡村旅游形式就应运而生。中国四川地处内地，自然环境优越，山水秀美，农耕文化久远，城市居民自古以来就有休闲的习惯。所以，"农家乐"这种旅游形式最早就在川西平原产生，以后发展到全国。目前"农家乐"这种休闲旅游已经成为中国乡村旅游中最有特色的新兴产业，并显示出巨大的潜力和广阔的发展前景。

在国外农家乐称为"乡村旅游"，起始于19世纪的欧洲。在当时，欧洲大陆各国的贵族就已经形成了定期到乡村休闲度假的习惯。目前在欧美国家，乡村旅游已有相当规模，并已走上了规范化的轨道，显示出极强的生命力和巨大的发展潜力。

农家乐的发展，对促进农村旅游、调整产业结构、发展区域经济、加快农业市场化进程产生了良好的经济效益。有些地方依托本地农业资源，分片开发出"农家乐"品种系列，像湖南南岳衡山、昆明的团结乡等地的农家乐已逐渐形成了自己的品牌。

农家乐发展起来后，带来的不仅仅是消费收入，还有产品信息、项目信息和市场信息，为当地经济的发展提供了契机。农家乐成为农民了解市场的"窗口"，成为城市与乡村互动的桥梁。各地游客为农村带来了新思想、新观念，使农民及时了解到市场信息，生产经营与市场需求相接轨。开办农家乐的农民经常到旅客中间调查市场需求，然后有针对性地开展生产，有的建起了无公害蔬菜基地，有的则做起了农产品深加工的生意。

（二）农家乐的特色

农家乐的主要特色是"吃、住、娱"为一体。

"吃"是指吃地道的农家土菜：讲新鲜，更讲卫生，最好是自种自养自烹调、风味独特的招牌菜。

"住"是指住保持农家的原汁原味房间。砖木结构的庭院，原木原竹的家具，乡土气息的装饰,加上清幽的环境,让游客住得舒心,甚至感受一种隐居桃源的心境。

"娱"是指精心打造、包装一批观赏性强、参与度高的活动项目,体现农村地方民俗文化活动,如婚丧嫁娶、传统节庆等民俗文化展示;亲身体验农事农娱活动,如采茶、摘果、捕鱼、种菜等,让游客在地方文化的熏陶中受到感染,在亲身体验的过程中增长阅历,在农事活动的收获中得到满足,让城里的年轻人了解农事活动和农耕文化。

农家乐餐饮服务既要体现农家悠闲特色,又要保证环境卫生干净、整洁,服务不拘泥于形式,但要体现对农事的尊重。农家乐餐饮服务与酒店服务礼仪相似。

第六节　餐饮推销及服务技巧

一、餐饮推销的技巧

(一)餐厅员工推销技巧

1. 餐厅员工要针对不同用餐者的身份及用餐性质,进行有重点的推销

一般来说,家庭宴席讲究实惠的同时也要吃些特色,这时服务员就应把经济实惠的大众菜和富有本店特色的菜介绍给客人。客人既能吃饱、吃好,又能品尝独特风味,达到了在大饭店就餐既排场又实惠的目的。而对于谈生意的顾客,服务员则要掌握客人摆阔气、讲排场的心理,无论推销酒水饮料、食品都要讲究高档,这样既显示了就餐者的身份,又显示了其经济实力。同时,服务员还要为其提供热情周到的服务,食客感到自己受到重视,在这里吃得很有面子。

2. 餐厅员工要学会察言观色,选准推销目标

餐厅服务员在为顾客服务时要留意顾客的言行举止。一般外向型的客人是服务员推销产品的目标。另外,若接待有老者参加的宴席,则应考虑到老人一般很节俭,不喜欢铺张而不宜直接向老人进行推销,要选择健谈的客人为推销对象,并且以能够让老者听得到的声音来推销,这样一来,无论是老人还是其他客人,都容易接受服务员的推销建议,有利于推销成功。

3. 餐厅员工要灵活运用语言技巧，达到推销目的

语言是一门艺术，不同的语气、不同的表达方式会收到不同的效果。例如，服务员向顾客推销饮料时，可以有以下几种不同的询问方式，一问："先生，您用饮料吗？"二问："先生，您用什么饮料？"三问："先生，您用啤酒、咖啡或茶？"很显然第三种问法为客人提供了几种不同的选择，客人很容易在服务员的引导下选择其中一种。可见，第三种推销语言更利于成功推销。因此，运用语言技巧，可以大大提高推销效率。

（二）不同产品的推销技巧

1. 推销饭菜的基本技巧

当迎宾把客人引领到餐位上后，服务员要主动向客人介绍当天供应菜品。此时，服务员应站在客人的右边，距离保持在 0.5~1 米，姿势端正，面带微笑，身体稍向前倾，留心听、认真记。

在点菜的过程中要注意：

第一，如果客人点的菜没有供应时，应先道歉："对不起，今天生意特别好，xx 菜已经售完，您看 xx 菜怎么样？"为客人推荐的菜肴应该与客人所点的菜类似，或者更有特色。

第二，如果客人点了相同类型的菜要提醒客人，另点其他菜式。

第三，如果客人表示要赶时间，尽量建议客人点比较快的菜，不向客人推荐蒸、炸、酿的菜品。

第四，客人点菜完毕后，要征求客人点菜的分量，然后向客人重复菜单，检查是否有听错或漏写的内容。没听清客人的话时要说："对不起，请您重复一遍好吗？"说话时声音以客人能够听清为宜。

2. 推销酒水的基本技巧

在推销前，服务员要牢记酒水的名称、产地、香型、价格、特色、功效等内容，回答客人疑问要准确、流利。含糊其词的回答，会使客人对餐厅所售酒水的价格、质量产生怀疑。在语言上也不允许用"差不多""也许""好像"等词语。例如在推销"xx 贡酒"时应该向客人推销："先生，您真有眼光，xx 贡酒是我们餐厅目前销售最好的白酒之一，它之所以深受客人的欢迎，是因为制作贡酒所用

的矿泉水来自当地一大奇观'xx 泉'，xx 贡酒属于清香型酒，清香纯正，入口绵爽，风味独特，同时还是您馈赠亲朋好友的上好佳品，您选它，我相信一定会令您满意的。"

（三）不同服务阶段的推销技巧

1. 餐前准备也有推销技巧

其实，餐厅产品推销从顾客走进餐厅的那一瞬间就开始了，从餐厅装饰与菜品的搭配，到餐前准备的餐桌、摆台，确实应了那句话"营销无处不在"；餐厅摆台时向客人推销的方法有：在菜牌上附上专栏、夹上别的纸张或其他装置；将酒杯与其他餐具一起摆在桌上；特价或促销活动，例如好酒论杯计或每月特选等；在餐桌上放置菜品、酒水宣传卡。这些看似微不足道的细小环节，可能是顾客在走进餐厅以后最先注意到的东西，所以餐厅服务员在餐前准备时就应当从一些细小的环节中来挖掘推销技巧。

2. 用餐中的推销技巧

绝大多数进入餐厅的客人对自己今天吃什么，没有一个准确的感念。一个优秀的服务员在与客人短暂接触后，应能准确判断出自己接待客人的消费水平在一个什么样的档次，只有判断正确，才能有针对性地给客人推销菜品和酒水。

"酒过三巡，菜过五味"，宴席随之会进入一个高潮。这时，服务员不失时机地推销酒店的菜品和酒水，往往都能够获得成功。比如："各位先生，打扰一下，看到大家喝得这么高兴，同样我也感到很开心，只是现在酒已所剩不多，是否需要再来一瓶呢？"往往用餐客人中有人会随声附和，"好，那就再来一瓶"，这样酒就很容易的推销出去了。

3. 菜上齐后的推销技巧

菜上齐后，首先要告诉客人："各位，打扰一下，您的菜已经上齐，请慢用。若还有其他需要，我非常愿意为您效劳。"这样说有两层含义：一是要让客人清楚菜已上齐，看看与所点的菜是否一致；二是要提醒客人如果菜不够的话可以再加菜。

（四）针对不同顾客的推销技巧

1. 对小朋友的推销技巧

小朋友到酒店就餐一般都是由父母带着，对于不是经常光顾餐厅的小朋友来说，对餐厅的一切都会感到新鲜。如果要问小朋友喜欢吃什么菜，他们一般都说不上来，但在挑选饮料上却恰恰相反。由于电视广告的作用，小朋友对饮料的种类如数家珍。在接待小朋友时，要考虑一下推销哪种饮料才能让他喜欢。可以这样说："小朋友，你好，阿姨给你介绍 xx 牛奶果汁，非常可口，好喝，如果你喜欢的话告诉阿姨，阿姨帮你拿好吗？"

2. 对老年人的推销技巧

给老年人推销菜品时要注意菜肴的营养结构，重点推荐含糖量低、易消化的食品或者软嫩不上牙齿的菜肴，比如：您老不如品尝一下我们酒店的这一道菜，它的名字叫脆糖豆腐。这道菜的特点是吃起来像豆腐，但却是用蛋清等原料精制而成，入口滑嫩、味道鲜香、有丰富的营养价值，因其外形酷似豆腐，所以我们就把它称为"脆糖豆腐"。我相信一定会让您满意的，同时也祝您老"福如东海，寿比南山"。

3. 对情侣的推销技巧

情侣去酒店用餐不是真的为吃菜肴，而是吃环境，浪漫的就餐氛围会吸引更多的情侣光顾。服务员在工作中要留心观察，如果确定就餐的客人是情侣关系，在点菜时就可以推销一些有象征意义的菜，比如"拔丝香蕉"象征甜甜蜜蜜、如胶似漆等。同时服务员可以针对男士要面子，愿意在女士面前显示自己的实力与大方，并且在消费时大都是男士掏钱的情况，可适当推销一些高档菜。

4. 对挑剔客人的推销技巧

在日常接待服务工作中，服务员经常会碰到一些对餐厅"软件"和"硬件"评头论足的客人。对于爱挑毛病的客人，服务员首先要以自己最大的耐心和热情来服务，对于客人所提意见要做到"有则改之，无则加勉，不卑不亢，合理解答"。要尽可能顺着客人的意思去回答问题，在推销饭菜和酒水时要多征求客人的意见，如"先生，不知您喜欢什么口味的菜，您不妨提示一下好吗？我会最大限度地满足您的需求"等等，同时要切记，无论客人如何挑剔，都要以灿烂的微笑对待。

5. 对犹豫不决客人的推销技巧

有些客人在点菜时经常犹豫不决，不知道该点哪道菜好。从性格上讲，这种客人大部分属于"随波逐流"型，没有主见，容易受到别人观点左右。因此，面对这些顾客，服务员要把握现场气氛，准确地为顾客推荐酒店的招牌菜、特色菜，并对所推荐的菜品加以讲解。一般这类客人很容易接受推荐的菜肴，很多情况是客人选了半天什么都没点，所点的全都是服务员推荐的。

6. 对一般客人的推销技巧

一般来说，工薪阶层客人的消费能力相对较弱。他们更注重饭菜的实惠，要求菜品价廉物美。在向这些客人推销菜品时，一定要掌握好尺度，要学会尊重他们，如果过分、过多地推销高档食品，会使他们觉得窘迫，很没面子，甚至会极大地刺伤顾客的自尊心，容易使顾客产生店大欺客的心理。所以在推销高档菜品、酒水时，要采取试探性的推销方法，如果客人坚持不接受，那么就需要服务员转过来在中、低档菜品、酒水上做文章。切记，消费水平不高的顾客同样是酒店尊贵的客人，厚此薄彼会使这些客人永不回头。

超过 500 家酒店的数据表明：酒店如果很好地开展销售这项工作，将会为酒店的营收带来 2%~3% 的提高！

因为升级销售可以实现销售一体化，可以前厅、销售共同配合，可以有效地提升平均房价，从而促进酒店整体客房收入的提升。

近几年，很多酒店虽然经过培训，但在升级销售过程中，过于刻板，并不能达到良好效果。酒店业发展到今天，"网购""直播带货"等销售模式对实体店运营构成了严重的冲击。酒店在线下营销过程中，需要注意培养员工参与推销的技巧、变革营销的模式。

二、几种常见的餐饮促销方式

（一）品位促销

品位促销就是通过餐饮企业所具有的人文、地理、历史等文化内涵所培育的文化品位高、艺术氛围浓、内容独特新颖、形式活泼健康的促销活动。它要求餐饮企业装修要有格调，店堂内可悬挂名人字画或宫灯，室内摆放花草古玩、根雕、墙饰、门饰，服务员穿着民族服饰或古装，店内举办音乐餐会、歌舞伴餐、模特表演、猜谜开奖，并可备台案、笔墨纸砚，供宾客即兴作画赋诗，也可印制精美的本企业历史画册或菜谱等供食客欣赏，多方面、多形式地创造一个文化氛围，创造餐饮文化场景，达到食、情、景、意、趣、乐的交融，以给宾客留下美好的记忆。这样不仅能直接增加饭店收入，更能扩大饭店知名度，树立饭店良好的市场形象。这种促销应注意不同文化、不同层次的重要作用，切不可盲目地开发，否则会适得其反。

（二）特色促销

特色促销就是指本餐饮企业通过菜点、装修、环境、食法、服饰及接待特色等，宣传企业、增加效益所做的促销活动。特色促销最忌讳步别人的后尘，没有自己的特色和风格。特色促销需在特色上下功夫，就是说特色要"特"，要根据自己所在企业实际情况，做到：人无我有，人有我多，人多我快，人快我好，人好我精，人精我廉，人廉我变的原则，在特色上促销。

1. 餐饮企业建筑、装修的特色

饭店建筑实体的外观是饭店最实在、最好的形象标志，它所传递的艺术物质、消费氛围是消费者所能感受的第一印象，因此它对于消费引导显得特别重要。比如武夷山的武夷山庄，它的建筑外观所传递的是生态休闲型的园林风格；北京的仿膳饭店，所带给人们的是雍容、华贵的皇家饮馔风格；还有广州的白天鹅宾馆、济南的舜耕山庄以及一些席开水面、四面来风，建在湖心、水库中的饭店餐厅。饭店还要以通过夜晚的灯光变化吸引客人的视觉效果。通过饭店室内装饰的格调和装饰体现消费档次，这些都具有直观的消费引导作用。直接影响消费者的消费数量和产品类型。

2. 服务特色

在服务特色上常见的有：服务员穿古装、旗袍、乞丐服（上叫花鸡）、滑冰鞋及少数民族服饰等，还可以采用厨师上门服务的方式以吸引消费者，创造服务特色。

3. 菜点特色

中式名吃或各种不同菜品均可给人一种别出心裁、难以忘怀的印象。所以做好餐饮企业菜点特色或创新的经营特色才是饭店发展的趋势，这也正是餐饮企业促销的强有力的基本保证，是搞好促销工作的现实需要。

（三）名宴促销

名宴促销就是指通过推出传统、创新的名宴达到促销目的的促销活动。餐饮企业在经营中，可利用传统名宴如：北京来今雨轩推出的"红楼宴"，西安推出的"仿唐宴"，山东挖掘的"孔府宴"，仿膳、听鹂馆的"满汉全席"和"宫廷宴"，济南推出的"金瓶梅宴"，黄山国际大酒店推出的"一品徽宴"，南京制作的"随园菜"，还有各地推出的"少数民族宴""中宴西吃""西菜中食"等等。名宴都具有丰富的文化内涵，只要注意挖掘、整理、研制、品评、定型、推出，古为今用、洋为中用，既可以满足食客消费的恋旧心理和求新、求奇、求变的需求，又可继承和弘扬中国的饮食文化。为了同传统名宴匹配，服务方式、设施设备、上菜程序、气氛渲染等都应恢复老传统，并在此基础上创新，这样才能使人感觉身临其境，置身返古，引发怀思，享受回味无穷的传统文化或西方文化。

（四）实物促销

饭店的实物促销是指在饭店内及其附近区域，用于推销饭店产品或传达饭店信息的宣传物品、饭店宣传画册、装饰物品，印有饭店标志的纪念品、购物袋、奖券等实体物品。宣传画册是用于宣传饭店产品且客人可以随身带走的广告实物。这些画册不仅可以对住店客人进行产品介绍，而且它可以随着客人的流动而具有发散性的宣传效果；饭店内的装饰物品通常是应景实物，也就是为了映衬节日或者其他活动而设置的装饰性物品，比如重阳节在饭店门口摆一棵松柏树，在大堂内扮一个长寿老人；过春节吊几个灯笼等等，这样既可以营造喜庆的气氛，又可以向客人暗示饭店的部分节日产品。像印有饭店标签的购物袋、纪念品、购物券、奖券等这些实体物品，虽然它们的主要功能并不是促销，但由于它们身上印制有饭店的标志或饭店名称，且会随着饭店客人的流动而流动，因此它们也具有了促销的重要作用，对于这些物品，饭店企业应该好好加以利用，以发挥它应有的巨大作用。

（五）媒体促销

借助媒体宣传。现代社会是一个信息社会，信息的载体是传播媒体，包括电视、电影、报纸、杂志、广告、新媒体等，这些媒体已经成为大众时刻关注的焦点，成为信息来源的主要渠道。借助媒体宣传企业，可以广示天下，迅速扩大自己在餐饮企业的知名度，让更多的人了解和关注本企业。

构建网络营销渠道，使互联网更好地为企业服务。网络营销以其难以想象的发展速度成为酒店最有效、最经济、最便捷的促销手段。据不完全统计，目前全国绝大多数的星级饭店在网上进行预订或网页宣传，这种具有革命性的饭店营销创新，将有效地展示饭店的形象和服务，从而建立与客户良好的互动关系，达到提高经济效益和管理水平的目的。

（六）全员促销

全员促销是旅游饭店全体工作人员直接或间接与顾客接触、洽谈、服务以达到促进销售目的的活动。这种促销活动相对来讲既容易又方便。从总经理到服务员，从前台到后台，人人都可参与。只要把全体员工的积极性、主动性调动起来，再适当地掌握一些方法和技巧，饭店就会形成强大的内部推销力量。譬如全员通过微信朋友圈、抖音、美篇等自媒体平台，使本店产品迅速为外界知晓，这是成本最低、见效最快的促销手段。另外，内部促销不受任何限制，在服务过程中随时随地都可以展开促销，非常便捷。内部促销取得成功的保证是服务和产品的优质化。只有优质的服务和产品才会令消费者满意，才能让消费者乐于接受内部促销的诱导，愿意增加消费和再次消费。要想搞好内部促销，还需要建立健全一套内部促销与奖励的制度。

第二章　餐饮服务礼仪

礼的繁体字为"禮"，左边示字旁意为神，右边是向神进贡的祭物盛器。《辞海》中的解释是："敬神，后引申为表示敬意的通称。"郭沫若曾论：礼之起，起于祀神，其后扩展而为对人，更其后扩展为吉、凶、军、宾、嘉等多种仪制，规范着整个社会生活。

礼有多种解释：一是指敬意；二是指仪式，指表示敬意而举行的隆重仪式；三是指社会交往中的各种礼节、礼貌和礼仪；四是指规范，是中国古代社会生活中由于长期的风俗习惯而形成的行为准则、道德规范等。

礼仪包括"礼"和"仪"两部分，"礼"是指敬神，是表示敬意的通称；"仪"通常是指人的外表，或指某一仪式及礼物等。在交往活动中，人与人之间的互相交际都要运用"仪"这一形式，遵循一定的规范，并常常借助语言、外貌、表情、动作，通过人们交往中的称呼、交谈、仪态、举止等予以表现。

礼仪从狭义上讲，是指祭祀或馈赠，或指礼节、仪节、宗教制度及仪式；从广义上讲，礼仪是一个时代的典章制度，如《周礼》《仪礼》《礼记》就是关于中国春秋时期周代的政治、经济和社会制度的著作。

礼仪是礼的秩序形式，是为了表示敬意或隆重，在一定场合举行的、具有专门程序的规范化的活动。礼节是礼仪的基础，礼仪是程序化了的礼节。礼仪实际上是由一系列具体的、表现礼貌的礼节所构成的，是一个表现礼貌的系统和完整的过程。

服务礼仪是礼仪在服务行业的具体运用。一般而言，服务礼仪主要泛指服务人员在自己的服务岗位上所应当严格遵守的服务行为规范，即在特定服务场合之内进行活动时的标准的、正确的做法。具体来讲，服务礼仪是服务过程中对服务对象表示尊重的一种规范化形式。它主要以服务人员的仪容、仪态、服务、语言等方面的行为规范为基本内容。在各个具体问题上，服务礼仪对于服务行业的从业人员在应该怎么做和不应该怎么做上，都有详细的规定和特殊要求。

总之，礼、礼貌、礼节、礼仪、服务礼仪等概念尽管名称不同，但其本质都是尊重人。

第一节　服务仪容礼仪

外貌修饰是个人仪表美的重要组成部分之一，它包括头发、面容、颈部及手部等部位的修饰。"三分长相，七分打扮"，化妆美容是现代人自我美化仪表仪容的重要途径。对酒店员工来说，适当的外貌修饰，会使自己容光焕发，充满活力。不过，餐饮从业人员不宜过分打扮，在各种场合中都要注意自己的身份和装束。

一、发部修饰

对服务人员的总体要求是：长度适中、以短为主，美观大方、整洁实用，选择发型应体现旅游服务接待的庄重、端庄。

女性要求做到：不留披肩发，发不遮脸，不挡住眼睛。男性服务员头发不宜过长，做到前发不覆额、侧发不掩耳、后发不触领。如图2-1所示。

二、面部修饰

作为"窗口"的旅游服务接待业，女性服务员可化淡妆，但要遵循：化妆少而精，淡妆上岗，体现出淡雅简洁、朴素的风格。具体注意以下几点：

（1）适度原则：不要浓妆艳抹，尤其在餐饮服务时不宜使用气味浓烈的化妆品，如香水、香粉、香脂等。

（2）扬长避短：适当美化展示自己的优点，巧妙掩饰缺点，注意自己的肤色、脸型，化妆色彩要接近自然色。

图 2-1　餐饮人员发部及面部修饰

三、肢体修饰

口腔：保持口腔清洁，是讲究礼仪的先决条件。常规牙齿保洁做到"三个三"，即：三顿饭后刷牙，每次刷牙三分钟，每次刷牙在饭后三分钟之内。工作前不喝酒，忌吃葱蒜韭菜等有异味的食物。

鼻腔：经常清理鼻腔，修剪鼻毛。

手指甲：及时修剪与洗刷，不留长指甲，不涂有色指甲油。

公共卫生：在客人面前不随地吐痰，不乱扔果皮纸屑，不在客人面前修指甲、剔牙、挖耳朵、搓污垢、抠眼屎、掏鼻孔、打哈欠、搔痒、脱鞋袜；咳嗽、打喷嚏应用手帕捂住鼻口，面向一旁，尽量减少声响。

四、腿脚修饰

每天晚上用热水泡脚或用热冷水交替泡脚，可以很快地缓解疲劳。脚指甲应经常修剪，以防止附有异味的指甲盖的生长。脚弄湿时，最好尽快换鞋袜以防止着凉。长了鸡眼或其他脚病，马上进行医治，以减轻不舒适和防止病情加重。男士穿着深色袜子，穿黑色系带型皮鞋；女士穿着肉色连裤丝袜，注意都不能露出袜根。

五、化妆修饰

化妆是运用化妆品和化妆器具，采取合乎规则的步骤和技巧，对人体的面部、五官及其他部位进行渲染、描画、整理，增强立体印象，调整形色，掩饰缺陷，表现神采，从而达到美化视觉感受的目的。化妆能表现出人物独有的自然美，能改善人物原有的"形""色""质"，增添美感和魅力；能作为一种艺术形式，呈现一场视觉盛宴，表达一种感受。化妆不是女性专属，更没有性别限制，男性化妆频率在现实中也逐渐增多，在现实生活中，适当的化妆也是一种尊重他人的行为，作为服务行业，餐饮员工适当化妆也体现了对客人的尊重。

第二节　服务仪态礼仪

服务人员如果要提升顾客的服务体验，获得顾客的好评，就需要在服务的过程中注意个人的姿态，服务人员端正的姿态可以有效提升顾客的好感。学习仪态礼仪对服务人员姿态的调整主要体现在以下几个方面：

一、站姿礼仪

站姿是餐饮服务人员的基本功，其要领是抬头、挺胸、收腹，双肩保持平衡、自然放松。其基本要求是：站立端正，目光平视，面带微笑，双肩自然下垂，双手体前相握或背相握。女服务员站立时，双脚呈"V"字形或"丁"字形，膝和脚后跟要靠拢。男服务员站立时，双脚距离应与肩部同宽，身体不能东摇西晃。

站立要自然大方，收腹挺胸，姿势端正，不能驼背、耸肩，双目平视，面带笑容，女服务员两手交叉放在腹下，右手放在左手上；男服务员站立时，双脚与肩同宽，左手握右手背在腰部以下；不准双手叉在腰间、抱在胸前、插在裤兜或衣兜里；站立时不背靠旁倚或前扶他物。服务人员正确站姿如图2-2所示。

图 2-2 服务人员站姿

二、行姿礼仪

餐饮服务人员的走姿要端庄。其基本要求是：抬头挺胸、目光平视、面带微笑、双臂前后自然摆动、肩部放松。切忌摇头晃脑、步子太大、速度太快。

在公共区域行走时，步子要轻而稳，步幅不能过大，要端庄自然、大方得体，要抬头挺胸，平视前方，不能低头，不能与客人抢道穿行，因工作需要必须超越客人时，要礼貌致歉，遇到宾客要点头致意并问候，不能一边走一边大声说话，遇有急事，可加快步伐，但不可慌张奔跑。服务人员正确走姿如图 2-3 所示。

图 2-3 服务人员走姿

三、坐姿礼仪

前台接待人员和收银员可以坐着工作。应坐到椅子的2/3，上身挺直，双脚平行放好，不得跷二郎腿、伸懒腰或者趴在工作台上。

餐饮服务人员的坐姿要端正，这是体态美的表现。入座时，走到座位前，轻稳地坐下，然后把右脚与左脚并齐；坐时，人体重心垂直向下，腰部挺起，胸前挺，双肩平正放松，目光平视，双手自然放在双膝上，双膝并拢；起立时，右脚先向后收半步，站起，再向前并齐。服务人员正确坐姿如图2-4所示。

图2-4　服务人员坐姿

四、手势礼仪

手势是最有表现力的一种"体态语言"，餐饮服务人员在工作中经常要运用手势来为客人服务，如菜点介绍、引路、指示方向等。手势的具体要求有：在给客人指示方向时，要把手臂伸直，手指自然并拢，掌心向上，以肘关节为轴，指向目标，同时眼睛要看着目标并兼顾客人是否看到指示目标。在为客人指示方向时，忌用一个手指指点。在使用手势语言时，还要注意各国的不同习惯，以免发生误解。

手势要做到正规、得体、适度。手心向上、手掌摊开表示欢迎；双手垂在身前，并用右手握住左手，表示谦恭；做请姿势一定要按规范要求，五指自然并拢，将手臂伸出，掌心向上。不同的请姿用不同的方式，如"请进餐厅时"用曲臂式，"指点方向时"用直臂式。在服务中表示"请"用横摆式，"请客人入座"用斜式。

图2-5即是服务人员表示"您请"时的常用手势，使用该手势时掌心向上、

图 2-5　服务人员常用手势

五指并拢、手掌和水平面呈 45°，以肘部为轴，右手手臂自然伸出；右手臂自然向内弯曲，左掌心贴于腹部。

第三节　表情神态礼仪

一、头部的表情达意

头部表情达意包括点头、摇头。点头表示同意、肯定、赞扬、友好等。摇头表示不同意、否定、批评、不满意等。

二、面部的表情达意

俗话说"出门看天色，进门看脸色"，所谓"脸色"就是面部表情。面部表情包括肌肉、眼睛、眉毛、鼻子、舌头等的运动。面部肌肉的运动牵动着嘴巴和眼睛的运动，微笑的时候，面部肌肉向上运动，嘴角、眼角上翘，眉毛飞扬，例如眉飞色舞；郁闷的时候，面部肌肉朝下运动，嘴角、眼角下弯，眉毛下沉，例如横眉竖目。鼻子一般是表示轻视的，例如嗤之以鼻。舌头的表意作用更大，伸舌头表示吃惊、得意、调皮、害羞、抱歉等。面部表情最能体现人的真实心理，看一个人，只要看他的言行举止，看他的面部表情，便能大致有所了解。

表情是人的面部动态所流露的情感，在给人的印象中，表情非常重要，在为顾客服务时，具体要注意以下几点：

（1）面带微笑、和颜悦色，给人以亲切感，不能面孔冷漠、表情呆板，给顾客以不受欢迎感。

（2）要聚精会神，注意倾听，给顾客以受尊重之感，不要没精打采或漫不经心，给顾客以不受重视感。

（3）要坦诚待客，不卑不亢，给人以真诚感；不要诚惶诚恐，唯唯诺诺，给人以虚伪感。

（4）沉着稳重，给人镇定感；不要慌手慌脚，给顾客以急躁感。

（5）要神色坦然、轻松、自信，给人以宽慰感；不要双眉紧锁、满面愁云，给顾客以负重感。

（6）不要带有厌烦、僵硬、愤怒的表情，也不要扭捏作态、做鬼脸、吐舌、眨眼，给顾客以不受敬重感。

三、服务行业的微笑

微笑是一种特殊的语言——"情绪语言"，其传播功能具有跨越国籍、民族、宗教、文化的性质，几乎在所有的社交场合下，都可以和有声的语言及行动相配合，起到"互补"作用，充分表达尊重、亲切、友善、快乐的情绪，拨动对方的心弦，沟通人们的心灵，缓解紧张的空气，架起友谊的桥梁，给人以美好的享受。微笑服务更是优质服务中不可缺少的内容。

微笑服务可以使被服务者的需求得到最大限度的满足。这是因为微笑服务提供高层次的精神愉悦和心理享受，本身就具有"含金量"。而且，微笑服务是一种"黏合剂"和"增效剂"。

微笑服务的要求：

第一，微笑一定要发自内心。微笑既然是一种情绪语言的传递，就必须强调发自内心。只有发自内心的诚挚的微笑，才能感染对方，发挥情绪沟通的桥梁作用，制造良好的工作氛围，并有益于自身的身心健康。

第二，微笑服务要始终如一。微笑服务应当贯穿在综合服务工作的全方位、全过程的各个环节中，只有这样，才能最终发挥微笑服务的作用。

第三，微笑服务要做到"五个一样"。领导在与不在一个样；内宾与外宾一个样；生客与熟客一个样；心境好与坏一个样；领导与员工一个样。

第四,微笑服务要持之以恒。微笑服务既然作为规范化服务的重要内容之一,表明它不会自发形成,而是需要进行多方努力,才能蔚然成风,持之以恒。为此,作为员工来说,要善于保持心理平衡,维系一种有助于微笑的良好心态并通过微笑把尊重传递给对方。

第四节　服务用语礼仪

一、礼貌用语

礼貌用语是尊重他人的具体表现,是友好关系的敲门砖。孔子曰:"君子不失色于人,不失口于人。"礼貌待人,使用礼貌语言,是中华民族的传统美德。

在服务礼貌用语中要做到以下几点:见表2-1。

表2-1　服务礼貌用语要点

三轻	走路轻、说话轻、动作轻
三不计较	不计较顾客不美的语言；不计较顾客急躁的态度；不计较个别顾客无理的要求
四勤	嘴勤、眼勤、腿勤、手勤
四不讲	不讲粗话；不讲脏话；不讲讽刺话；不讲与服务无关的话
五声	客来有迎声；客问有答声；工作失误有道歉声；受到帮助有致谢声；游客走时有送声

服务过程中规范使用礼貌用语,体现了接待方的文明素质、服务人员的礼貌程度,能给顾客留下宾至如归的美好印象。表2-2。

表 2-2　常用礼貌服务用语表

10 字文明用语	招呼礼貌用语	服务用语	道别用语
"您好""请" "谢谢" "对不起" "再见"	您好，欢迎您的光临 请您跟我来 请稍等，我马上为您 安排 让您久等了，里面请	欢迎、欢迎您 您好 谢谢、谢谢您 请您稍候 请您稍等一下	请慢走，再见 欢迎您再次光临 您慢走 欢迎您下次再来

二、称呼用语

在工作岗位上，人们所使用的称呼自有其特殊性。下述几种称呼方式，是可以广泛采用的。

（1）称呼行政职务。在人际交往中，尤其是在对外界的交往中，此类称呼最为常用，如"黄县长""李局长""各位领导""各位来宾"。

（2）称呼技术职称。对于具有技术职称者，特别是具有高、中级技术职称者，在工作中可直接称其技术职称，以示对其敬意有加，如"王教授""张老师"。

（3）称呼职业名称。一般来说，直接称呼被称呼者的职业名称，往往都是可行的，如"李总"。

（4）称呼通行尊称。通行尊称，也称为泛尊称，它通常适用于各类被称呼者。诸如"同志""先生""女生""小朋友"等，都属于通行尊称。

三、餐饮服务忌语

服务忌语是指在服务过程中不能使用的语言及语气。使用服务忌语的最大恶果，在于它往往出口伤人。这种伤害是互相的，在伤害了服务对象的同时，也对自身形象造成伤害。主要有如下四类：

1. 不尊重之语

对老年的服务对象讲话时，绝对不能说什么"老家伙""老东西""老废物""老没用"。即便提的并不一定就是对方，对方也必定十分反感。至于以"老头子""老婆子"一类的称呼去称呼老年人，也是不应该的。

跟病人交谈时，尽量不要提"病鬼""病号""病秧子"一类的话语。没有什么特殊的原因，也不要提什么身体好还是不好。应当懂得，绝大多数病人都是"讳疾忌医"的。

面对残疾人时,切忌使用"残废"一词。一些不尊重残疾人的提法,诸如"傻子""呆子""侏儒""瞎子";接触身材不甚理想的人士时,尤其对自己最不满意的地方,例如体伴之人的"肥",个低之人的"矮",都不应当直言不讳。

2. 不友好之语

在任何情况下,都绝对不允许服务人员对服务对象采用不够友善,甚至满怀敌意的语言。只有摆错了自己的实际位置,或者不打算做好服务工作的人,才会那么做。

服务对象要求服务人员为其提供服务时,后者千万不能以鄙视前者的语气询问:"你买得起吗?""这是你这号人用的东西吗?"

当服务对象表示不喜欢服务人员推荐的商品、服务项目,或者是在经过了一番挑选,感到不甚合意,准备转身离开时,后者在前者身后小声嘀咕:"没钱还来干什么""装什么大款""一看就是穷光蛋"等等,这都是不友好的言行。

甚至有个别的服务人员会顶撞对方,说什么:"谁怕谁呀,我还不想侍候你这号人呢""你算什么东西""瞧你那副德性""我就是这个态度""愿意去哪儿告去都行""本人坚决奉陪到底"等等。

3. 不耐烦之语

服务人员在工作岗位上要做好本职工作,提高自己的服务质量,就要在接待服务对象时表现出应有的热情与足够的耐心。假如结果并不是十分理想,不论自己的初衷是什么,不允许给对方答以"我也不知道""从未听说过"。

当服务对象询问具体的服务价格时,不可以训斥对方:"那上面不是写着了吗?""瞪大眼睛自己看去!""没长眼睛吗?"

当服务对象要求为其提供服务或帮助时,不能够告诉对方:"着什么急""找别人去""凑什么热闹""那里不归我管""老实等着""吵什么吵",或者自言自语"累死了""烦死人了"。

4. 不客气之语

服务人员在工作之中,有不少客气话是一定要说的,而不客气的话则坚决不能说。

在劝阻服务对象不要动手乱摸乱碰时,尽量不说"老实点""瞎乱动什么""弄坏了你管赔不管赔"。

在需要服务对象交零钱,或没有零钱可找时,直截了当地要对方"拿零钱来",或告知对方"没有零钱找",都极不适当。

【实训1】微笑训练

| 实训目标 |

通过案例解析,让学生知道微笑的重要性;通过教师示范、学生观看图片等对学生进行微笑的简易训练、细节训练;通过对学生微笑的矫正能够让学生用微笑传递信息。

| 课前准备 |

多媒体投影设备,有关微笑主题的相关PPT,相机或手机等拍照设备。

| 实训准备 |

筷子40根;秒表10支;课前将学生3人分为一组,分组时尽量避免本组内全部为内向的同学。

| 实训课时 |

2课时。

| 任务与训练方法 |

对服务行业来说,至关重要的是微笑服务。微笑服务并不意味着只是脸上挂笑,而应是真诚地为顾客服务,经过练习,你也可以拥有迷人的微笑。

1. 简易训练方法

用门牙轻轻地咬住筷子。把嘴角对准筷子,两边都要翘起,并观察连接嘴唇两端的线是否与筷子在同一水平线上。保持这个状态10秒,轻轻地拔出筷子之后,练习维持当时的状态。

2. 细节训练方法

形成微笑是在放松的状态下训练的,练习的关键是使嘴角上升的程度一致。如果嘴角歪斜,表情就不会太好看。练习各种笑容的过程中,就会发现最适合自己的微笑。

（1）小微笑

往上提起两端嘴角。稍微露出 2 颗门牙。保持 5 秒之后，恢复原来的状态并放松。

（2）普通微笑

往上提起两端嘴角。露出 6~8 颗门牙，眼睛也笑一点。保持 5 秒后，恢复原来的状态并放松。

（3）微笑的矫正训练

矫正 1：嘴角不能同时提起

嘴角上升时会歪，但是两侧的嘴角不能同时上升的人很多。这时利用筷子进行训练就很有效。刚开始会比较难，若反复练习，就会不知不觉中两边同时上升，形成干练的微笑。近几年来，电商平台新推出了几款微笑矫正器，也可辅助用于矫正训练。

矫正 2：露出很多牙龈

检查牙齿排列：面对镜子，嘴巴呈现说"七"时的状态，仔细检查，看看上下排牙齿的咬合状况及排列的整齐度。笑的时候露很多牙龈的人，往往笑的时候没有自信，不是遮嘴，就是腼腆地笑。自然的笑容可以弥补露出牙龈的缺点，但由于本人太在意，所以很难笑出自然亮丽的笑。露出牙龈时，可以通过嘴唇肌肉的训练来弥补。

矫正 3：表情不当

面对镜子假装拿起手机在跟朋友打电话，仔细看看自己说话时的各种表情，例如眉头是否不自觉皱起，还有自己的眼神是否有亮泽变化等，观察后再加以改善。

各个小组先组内成员分头按照上述方法练习，小组讨论、矫正；在组内成员训练时，组员用相机拍下照片，供后期研讨时参考；反复练习，在训练结束前填写表 2-3 进行效果评估与反馈。

█实训活动评价█

见表 2-3。

表 2-3 微笑训练评价表

小组成员					
考评地点					
考评内容	微笑表达技能				
考评标准	评价指标	分值/分	自我评价/分	小组评议/分	实际得分/分
	面部表情和蔼可亲	5			
	自然地露出6~8颗牙齿	10			
	嘴角微微上翘	5			
	笑的幅度不宜过大	20			
	微笑时真诚、甜美、亲切、善意、充满爱心	10			
	口眼结合，嘴唇、眼神含笑	10			
	眼睛礼貌，不左顾右盼、心不在焉	10			
	眼睛和蔼有神，自然流露真诚	10			
	与练习前相比，有较大进步	20			
	合计	100			

总得分 = 自我评价分 ×40%+ 小组评议分 ×60%；考评满分为 100 分。

【实训 2】化妆训练

实训目标

通过老师的讲解及观看短视频，学生能够意识到化妆的重要性；通过讲解，学生能知道化妆的步骤；通过练习，学生能够给自己及别人化妆。

课前准备

多媒体投影设备、有关化妆主题的相关 PPT、短视频，相机或手机。将同性别学生两两分为一组，要求学生课前通过阅读书籍、网络搜索等途径学习服务礼仪的相关理论知识。

实训准备

化妆台或化妆桌若干张。男生化妆用品：洗发乳、喷发剂、摩丝、香水，洗发香波、发乳、发蜡、面霜、润肤蜜、剃须膏、剃须后用水等。女生化妆用品：眉笔、口红、粉底、遮瑕、隔离、修容、眼影、睫毛膏、定妆粉、眼线、皮筋、发卡等。

|实训课时|

4课时。

|任务与训练方法|

仪表是人的外表，包括容貌、姿态、个人卫生和服饰以及人的精神面貌的外在表现，得体的妆容是仪表的重要体现。俗话说"三分长相，七分打扮"。美容化妆，就是通过丰富的化妆品和化妆工具，采用合乎规则的步骤和技巧，对脸部、五官及其他部位进行预想的描画、渲染和整理，以强调和突出个人所具有的自然美，遮盖和弥补面部存在的缺陷和不足，达到美容的目的。

化妆种类很多，如宴会妆、舞会妆、演出妆、工作妆、休闲妆等。不同的目的、要求，可选择不同的装扮。

1. 工作妆的基本要求

工作时，适当的化妆是一种礼貌行为和自信的表现，展示尊敬人的良好的个人素质；是出席正式场合的礼仪要求，尤其是正式社交、公关活动；展现组织管理水平，是组织管理完善的表现。工作妆可以使人更年轻、有朝气、更自信。工作淡妆的基本原则为：自然、美化、协调、避人。

2. 男士的化妆

男士妆容以整洁和反映男子自然具有的肤色、五官轮廓和气度为佳。

特别注意：男士面部、手部的清洁护理。男士应注意清洁面部，勤刮胡须，勤剪鼻毛；勤洗手、勤修剪指甲，保持指甲清洁卫生；清洗面、手，清洗后用护肤品护理。

3. 女士职业淡妆的化妆技巧及步骤

①洁面。用洗面奶洗面部，擦干后用少量的护肤乳液滋润皮肤。

②打粉底。将粉底霜放在手背上，用海绵蘸霜打匀，在脸上从里向外薄薄地涂一层，同时在脖子上搽一点，使其与面部协调，然后从上往下轻扑一层干粉，显得透明自然。

③描眼影。由眼角开始轻轻地涂上深色的眼影，较大范围地涂在上眼睑上，重点放在眼尾，在下眼睑的外1/3也要扫上眼影。然后用黑色眼线笔勾画出上

下眼线。

④画眉毛。眉应画得轻松自然，画眉最好选用眉刷，蘸上眉粉，一点一点刷上去。眉粉的重点应放在眉长的1/3处。眉的长短和形状要根据脸型而定。

⑤抹腮红。用刷子轻蘸腮红，一点一点地淡涂。涂的范围高不过眉，低不过嘴角。抹腮红时先从颧骨中心开始涂抹，然后使用大号腮红刷斜向后渲染；也可以先将腮红涂抹在手心上，两只手心相对推匀，轻按在两颊上。

⑥涂口红。先用唇笔勾出唇线、唇形。要在唇边涂深些，唇内涂浅些；唇红要与自己的肤色、服装相配，不宜太深。

总之，高明的化妆，既要显出漂亮的仪表，又要几乎不露人工痕迹，美丽淡雅。

同性别学生两人为一组，练习为自己化妆、为别人化妆；化妆完成后拍照，对化妆情况进行小组间的评议。见表2-4。

实训活动评价

见表2-4。

表2-4　化妆训练评价表

小组成员					
考评地点					
考评内容	化妆技能				
考评标准	评价指标	分值/分	自我评价/分	小组评议/分	实际得分/分
	化妆前面容、头发干净	10			
	选用化妆品适当	10			
	化妆顺序得当	10			
	妆容自然	20			
	人工痕迹不明显，淡雅	10			
	化妆符合职业特点	10			
	妆容适合脸型、肤色	10			
	发型、服饰与妆容协调	10			
	妆容体现出健康、自信	10			
	合计	100			

总得分＝自我评价分×40%＋小组评议分×60%；考评满分为100分。

【实训3】仪容训练

实训目标

通过讲解及实训，学生能够意识到仪容、穿着在服务工作中的重要性；通过分组训练、评价，学生能够对自己及小组成员的仪容、穿着进行评价并提出改进建议；通过实训，提高学生对衣着的品鉴能力。

课前准备

多媒体投影设备、有关着装主题的相关 PPT、短视频；相机或手机。实训前对学生的发型、鞋类、内衣着装提出相应的要求；课前将学生以熟悉为原则两两分为一组。

实训准备

指甲钳若干；小剪刀若干；酒店工装若干套。

实训课时

2 课时。

任务与训练方法

学生分组后对头发、服饰进行相应的整理与评价。

1. 头发整理

男士头发的规范要求：男士的头发要清洁，长度要适宜，前不及眉，旁不遮耳，后不及衣领；不能留长发、大鬓角；不留络腮胡子或小胡子。

女性头发的规范要求：对于女性来说，太长的头发是非职业化的信息，工作场合女士不宜梳披肩发，头发不可挡盖眼睛，不留怪异的新潮发型；头发过肩的，工作时要扎起，宜拢在脑后，或束或挽或盘，以深色的发夹网罩为好。

发型的选择及护理：发型的选择要符合自己的职业，符合自己的内在气质和风度，符合自己的年龄、身材和脸型，显示和谐之美。要慎重染色，应经常梳洗头发，保持头发无异味、无异物。

2. 外表整理

要清洁整齐，上班要穿工作服，工作服要整齐干净，纽扣要齐全扣好，不可敞胸露背、衣冠不整，工号牌要佩戴在左胸前，不能将衣袖、裤子卷起，系领带时要将衣服下摆扎在裤里。上班时必须穿黑色皮鞋、深色袜子，皮鞋要保持光亮,女士穿裙子不可露出袜口,穿肉色袜子。

仪容要大方,指甲要常修剪,不可留长指甲,不涂任何带有颜色的指甲油,发式按酒店的规定要求,不留怪异发型,男士不留长发,发脚以不盖住耳部及后衣领为宜,头发要梳洗整齐,保持光亮,女士头发要经常梳理,长发应扎起,不可披头散发或染较夸张的颜色。

女性员工上班要淡妆打扮,不可浓妆艳抹或戴任何夸张的首饰和装饰品(包括手表、戒指、项链、手链、耳环等一切首饰)。

注意个人清洁卫生,爱护牙齿,男士坚持每天刮胡子,鼻毛不准出鼻孔,手要保持清洁,早晚要刷牙,饭后要漱口,勤洗澡,防汗臭,上班前不吃异味食品和不喝含酒精的饮料。

注意休息好,保持充足的睡眠及良好的精神状态,不可上班时面带倦容。

每日上班前要检查自己的仪表,在公共场所需整理仪表时,要到卫生间或工作间,到顾客看不到的地方,不要当着顾客的面或在公共场所整理。上班之前,前后台工作人员应检查仪表,做到着装整洁。

3. 着装要求

着装六禁忌:过分杂乱、过分鲜艳、过分暴露、过分透视、过分怪异、过分紧身。

忌过分杂乱:生活中存在这样一些人,虽然穿了一身很高档的套装或套裙,看上去的确是正式的职业装,可是给人的感觉却非常别扭。主要原因就在于他(她)的穿着过分杂乱,不够协调。比如说男士穿西装配布鞋、运动鞋,也有个别女士穿很高档的套裙,却光脚穿露脚趾的凉鞋,这些都不合职业场合着装规范。

忌过分鲜艳:制服也好,套装也好,需要遵守三色原则,就是全身颜色不多于三种,不能过分鲜艳。图案也要注意,重要场合套装或制服尽量要没有图案,或者是规范的几何图案,比如领带,条纹的、格子的、带点的都可以,但是不能过分花哨,过分花哨一看就不够稳重。

忌过分暴露:无论男士或女士,在职业场合着装都要注意不能过分暴露——不暴露胸部、不暴露肩部,不暴露腰部,不暴露背部,不暴露脚趾,不暴露脚跟。

忌过分透视:重要场合注意,内衣不能让人透过外衣看到颜色、款式、长短、图案，否则是非常不礼貌的。

忌过分怪异：服务人员不是时装模特，不能过分追求新奇古怪，招摇过市。

忌过分紧身：衣服过于紧身，甚至显现出内衣、内裤的轮廓，既不雅观也不庄重。

|实训活动评价|

见表 2-5。

表 2-5　仪容训练评价表

小组成员					
考评地点					
考评内容	仪容整理技能				
考评标准	评价指标	分值/分	自我评价/分	小组评议/分	实际得分/分
	头发、指甲长度合适；鼻毛不外露	10			
	发色自然，头发干净	10			
	着装不暴露	5			
	着装符合三色原则	15			
	上衣、裙子（裤子）、鞋子协调	15			
	不过分暴露或透视	15			
	服饰不怪异、不过分紧身	10			
	服饰显得稳重、服饰不花哨	10			
	衣服平展、干净	10			
	合计	100			

总得分＝自我评价分 ×40%+ 小组评议分 ×60%；考评满分为 100 分。

【实训 4】仪态训练

|实训目标|

通过老师组织学生模拟训练，学生能够知道仪表的重要性，学生能够在衣着、表情控制、坐姿、站姿等方面达到服务行业工作人员的基本要求。

|课前准备|

多媒体投影设备、有关仪态主题的相关 PPT、短视频；相机或手机；4 名

学生分为一组。

|实训准备|

容纳 40 人练习的形体礼仪训练室，室内墙壁有镜子；椅子 20 把。

|实训课时|

4 课时。

|任务与训练方法|

仪态是指人们在交际中的举止所表现出来的姿态和风度，包括日常生活中和工作中的举止。仪态表现的整体要求：

（1）举止要端庄、动作要文明，站、走、坐要符合规定要求，迎客时走在前、送客时走在后，客过要让路，同行不抢先，不许在宾客中间穿行，不在酒店内奔跑追逐。

（2）在宾客面前应禁止各种不文明的举动，如吸烟、吃零食、掏鼻孔、剔牙齿、打哈欠、抓头、伸懒腰等，即使在不得已的情况下，也应尽力采取措施掩饰举动，在工作场所及平时均不得随地吐痰、扔果皮、纸屑、烟头或其他杂物。

（3）当顾客向你的岗位走来时，无论你在干什么，都要暂停下来招呼顾客。

（4）对顾客要一视同仁，与顾客接触要热情大方、举止得体，但不得有过分亲热的举动。

（5）严禁与顾客开玩笑、打闹或取外号；顾客要求办的事必须踏实去做，并把最后结果尽快告知顾客。

（6）不能把工作中或生活中的不快带到服务中来，更不可发泄在顾客身上。

训练主要针对以下几个方面进行：

（1）站姿：站立要端正、挺胸收腹、眼睛平视、嘴微闭、面带笑容、双臂自然下垂，以保持随时向顾客提供服务的状态。双手不叉腰、不插袋子，不抱胸。站立时，脚呈"V"字形，双膝和脚后跟要靠紧，身体不可东倒西歪，站累时，脚可以向后站半步或移动一下位置，但上体仍应保持正直，不可把脚向前或向后伸开太多，甚至叉开很大，也不可倚壁而立。

（2）走姿：走路应轻而稳，不与他人拉手、搂腰搭背，不奔跑、不跳跃。因工作需要必须超越顾客时，要礼貌致歉，说声对不起；尽量靠左行，不走中间。与上级、宾客相遇时，要点头微笑致意；与上级、宾客同行至门前时，应主动开门让他们先行，不能抢先而行；引导顾客时，让顾客、上级在自己的右侧；上楼时顾客在后，下楼时顾客在前，顾客迎面走来或上下楼梯时，要主动为顾客让路；当顾客走到面前时，应主动点头问好，打招呼，点头时目光要看着顾客面部，当顾客离去时，身体应微微前倾，敬语道别。

（3）手势：手势是最具表现的一种"体态语言"，手姿要求规范适度，在给顾客指引方向时，手臂伸直，手指自然并拢，手掌向上，指向目标。同时眼睛要看着目标，并兼顾对方是否看到指示目标。在递给顾客东西时，应用双手恭敬地奉上，绝不能漫不经心地一扔，不可以手指或笔尖直接指向顾客。

（4）坐姿：入座轻稳，动作协调，坐姿文雅；落座后上身自然坐下，收腹立腰；上身略微前倾，朝向服务对象；头正，颈直，下颌微收，双目平视前方或注视对方；双肩平齐，放松下沉；双膝并拢，男士可将双膝略向外分开，但不应超过肩宽；两臂自然弯曲，双手交叉放于腿部；要求坐椅子面的三分之二，若坐得太靠前，会给人离开的信号。

|实训活动评价|

见表2-6。

表2-6　仪态训练评价表

小组成员					
考评地点					
考评内容	仪态展现技能（坐姿）				
考评标准	评价指标	分值/分	自我评价/分	小组评议/分	实际得分/分
	入座轻稳，动作协调，坐姿文雅	10			
	落座后上身自然坐下，收腹立腰	20			
	上身略微前倾，朝向服务对象	10			
	头正，颈直，下颌微收，双目平视前方	10			
	坐到椅子面的2/3处	10			
	两臂自然弯曲，右手握住左手自然放于腿部	10			
	起立时，右脚向后收半步而后起立	10			
	目光温和而坚定	10			
	表情轻松	10			
	合计	100			

总得分 = 自我评价分 ×40%+ 小组评议分 ×60%；考评满分为 100 分。

【实训 5】服务用语训练

实训目标

通过老师组织学生模拟对话，学生能够体验在不同情境中服务人员服务用语的要求，能够用恰当的语言、语气表达观点，能够应对工作中的对话情境。

课前准备

多媒体投影设备、有关化妆主题的相关 PPT、短视频；录音、录像设备，如手机等；学生自由组合，三人分为一组。

实训准备

打印 8 个情境中常用的文明用语。

实训课时

2 课时。

任务与训练方法

教师将学生三人分为一组，其中一人为观察员，一人扮演客人角色，另外一人扮演服务人员角色；在老师的组织下，学生分角色扮演客人与服务人员；对话结束后，"客人"与"服务人员"进行自我总结与反思，由观察员提出改进意见；一轮进行完后本组成员互换角色。

酒店餐饮业是典型的服务业，同客人沟通的话术非常重要，以下服务语言，适合在不同情境中使用。

情境 1：表达"感同身受"

（1）我能理解。

（2）我非常理解您的心情。

（3）我理解您怎么会生气，换成是我，我也会跟您一样的感受。

（4）请您不要着急，我非常理解您的心情，我们一定会竭尽全力为您解决的。

（5）如果我碰到您的这么多麻烦，也会是您现在这样的心情。

（6）发生这样的事，给您带来不便了，不过我们应该积极面对才是，对吗？

（7）没错，如果我碰到您这么多的麻烦，我也会感到很委屈的。

（8）我非常理解您的心情，请放心，我们一定会查证清楚，给您一个满意的答复。

（9）我真的很能理解，请放心，我们一定查证清楚，然后给您回复。

（10）"听得出来您很着急""感觉到您有些担心""我能体会到您很生气，让我来给您提供其他的建议，您看好吗？""我能感受到您的失望，我可以帮助您的是……""我能感受得到，xx情况、服务给您带来了麻烦"。

（11）您好，给您带来这么多的麻烦，实在是非常抱歉，如果我是您的话，我也会很生气的，请您先消消气，给我几分钟时间给您说一下这个原因，可以吗？

（12）您的心情我可以理解，我马上为您处理。

情境2：向客人表达"被重视"

（1）先生／小姐，您对我们的服务这么熟，肯定是我们的老客人了，不好意思，我们出现这样的失误，太抱歉了

（2）先生／小姐，很抱歉之前的服务让您有不好的感受，我们酒店对于客人的意见是非常重视的，我们会将您说的情况尽快反映给相关部门去做改进。

情境3：向客人求证问题

（1）您把我搞糊涂了——（换成）我不太明白，能否再重复一下您的问题。

（2）您搞错了——（换成）我觉得可能是我们的沟通存在误会。

（3）我已经说得很清楚了——（换成）可能是我没解释清楚，令您误解了。

（4）您听明白了吗？——（换成）请问我的解释您清楚吗？

（5）啊，您说什么？——（换成）对不起，我没听明白，请您再说一遍好吗？

（6）您需要——（换成）我建议……／您看是不是可以这样……

情境4：站在客人角度说话

（1）这样做主要是为了保护您的利益。

（2）如果谁都可以帮您办理这么重要的业务，那对您的利益是很没有保障的。

（3）我知道您一定会谅解的，这样做就是为了确保像您一样对我们酒店有着重要意义的忠诚顾客的权益。

情境 5：拒绝的艺术

（1）先生／小姐，我很能理解您的想法，但非常抱歉，您的具体要求我们暂时无法满足，我会先把您遇到的情况，反馈给相关部门，查证后再与您联络，好吗？

（2）您说的这些，确实有一定的道理，如果我们能帮您，一定会尽力，不能帮您的地方，也请您谅解。

（3）尽管我们目前暂时无法立刻去处理或解决这件事情，但我可以做到的是……

（4）先生／小姐，非常感谢您的反馈，我们会尽最大的努力改进这方面的问题，也希望您能一如既往地支持和监督我们的工作，谢谢！

（5）先生，您是我们的客人，尽量让您满意，这是我们的工作要求，不好意思，您说的这些，确实是有一定的道理，如果我们能帮您，一定尽力，不能帮您的地方，也请您谅解。

情境 6：缩短通话

（1）您好，为了方便您了解（记忆），我现在将该内容通过短信（邮件）发给您，请您留意查询。

（2）因涉及的内容较多，具体内容我会通过邮件方式发给您详细了解，好吗？

情境 7：让客人"等一会"

（1）等待之前先提醒"先生／小姐，请您稍等片刻，我马上为您查询"。

（2）等待结束恢复通话"先生／小姐，谢谢您的等待，已经帮您查询到……／现在帮您查询到的结果是……"

（3）请您稍等片刻，马上就好。

（4）由于查询数据需要一些时间，不好意思，要耽误（您）一点时间。

（5）感谢您耐心的等候。

情境 8：告别

（1）祝您生活愉快！

（2）祝您生意兴隆！

（3）希望下次有机会再为您服务！

（4）天气转凉了，请您记得加衣保暖。

（5）祝您旅途愉快！

实训活动评价

见表2-7。

表2-7 服务用语训练评价表

小组成员					
考评地点					
考评内容	服务用语使用技能				
考评标准	评价指标	分值/分	自我评价/分	小组评议/分	实际得分/分
	面部表情符合模拟的情境	20			
	语气符合模拟的情境	20			
	语言连贯	10			
	普通话标准	10			
	说话时朝向服务对象	10			
	能恰当和服务对象有眼神互动	5			
	有一定应变能力	5			
	手势辅助表达	10			
	表达自然，无刻意成分	10			
合计		100			

总得分＝自我评价分×40%＋小组评议分×60%；考评满分为100分。

第三章　餐饮服务心理

第一节　餐饮服务者的心理素质要求

一、良好的性格

性格是个体对现实生活的态度以及与态度相对应的习惯。好的性格容易吸引人，在人际交往过程中更容易赢得别人的青睐。良好的性格表现为热爱祖国，关心集体，积极生活，自强不息，开拓进取，执着追求，勤俭节约，正直朴实，谦虚谨慎，有礼貌，守纪律，尊重他人，助人为乐，勤奋踏实，责任心强等；良好性格表现为遇到困难坚持奋进，不畏难而退。对自己的行为有明确的目标，有自觉控制自己行为的自制力和纪律性，做事情有恒心、有毅力，能坚持不懈地把事情做好。情绪活动比较适度，能够经常保持愉快、乐观的心境，精神饱满、朝气蓬勃地对待生活。良好的性格表现为感知敏锐，具有丰富的想象能力，在思维上有较强的逻辑性，尤其是富有创新意识和创造能力。在情绪上表现为善于控制和支配自己的情绪，保持乐观开朗、振奋豁达的心境，情绪稳定而平衡，与人相处时能给人带来欢乐的笑声，令人精神舒畅。在意志上表现出目标明确，行为自觉，善于自制，勇敢果断，坚韧不拔，积极主动等一系列积极品质。

知觉现实的能力：拥有健全人格的人能够以现实的眼光看到自己和环境，对自己的能力有合理的认识。

自我认可感：自我认可对于健全的人格是很重要的，所谓良好的自我认可，是指能够认识到自己积极和优秀的一面，能够接纳自己的优缺点。在情绪调节方面，一个成熟的人有较强的情绪调节能力，遇到事情，会分析原因，寻找解决办法，而不是一味地发脾气。健康的人和他人能够发展出亲密的关系，尤其能够在接纳别人和自己观念的差别的基础上和他人维持亲密的关系。

二、积极的情感

积极情感是指这种情感普遍具有积极的意义。它能够推动人们努力进取、奋发向上，使人们向健康、正确、良好的方向发展；能够使人走向正路，而不走向邪路；能够使人走向正面，而不走向反面。因此，我们又称其为情感的正向性。情感的积极性不仅可以使人心情舒畅、情绪乐观、思维活跃和促进理解、增强记忆，更重要的是它可以为人的健康发展保驾护航，特别是当人处在低谷的时候，能为人们加油增劲、增强信心、指引前进的方向，使人看到美好的未来和希望，推动人们向前发展。

积极的情感状况可以促进人形成坚强的意志状态，对人的行动起到推进作用，鼓舞人、推动人去奋发进取、积极努力。相反，消极的情感则会削弱人的意志，阻碍人去实现预定目标，使意志行动半途而废。

三、坚强的意志

意志是人自觉地确定目的，并根据目的调节支配自身的行动，克服困难，去实现预定目标的心理倾向。它是决策心理活动过程中重要的心理因素，是人的意识能动性的集中表现，在人主动地变革现实的行动中表现出来，对行为有发动、坚持和制止、改变等方面的控制调节作用。

人与人的意志差异主要表现在自觉性、果断性、自制性、坚持性四个方面。意志的自觉性是指是否对行动目的有明确的认识，尤其是认识到行动的社会意义，主动以目的调节，支配行动方面的意志品质。自觉性是意志的首要品质，贯穿于意志行动的始终。意志的果断性是指一个人是否善于明辨是非，迅速而合理地采取决定和执行决定。果断性强的人，当需要立即行动时，能迅速地做出决断对策，使意志行动顺利进行；而当情况发生新的变化，需要改变行动时，能够随机应变，毫不犹豫地做出新的决定，以便更加有效地执行决定，完成意志行动。与果断性相反的意志品质是优柔寡断和草率决定。意志自制性是指能否善于控制和支配自己行动方面的意志品质。自制性强的人，在意志行动中，不受无关诱因的干扰，能控制自己的情绪，坚持完成意志行动。意志的坚持性是指在意志行动中能否坚持决定，百折不挠地克服困难和障碍，完成既定目的方面的意志品质。这是最能体现人的意志的一种品质。坚持性强的人能根据目的要求，在长时间内毫不松懈地保持身心的紧张状态，在任何情况下，都坚持不变，直至达到目的。在遇到困难时，它能激励自己树立起克服困难的信心，始终如一地完成意志行动。所谓"锲而不舍，金石可镂"，就是意志坚持性的表现。

四、出色的能力

1. 具备良好的记忆力

良好的记忆力对搞好服务工作是十分重要的，它能帮助服务员及时回想在服务环境下所需的一切知识和技能，如服务标准、当时情况、旅客须知等。训练有素的服务员不但能准确掌握各种顾客在风俗习惯上的不同，还能熟记顾客日常所需的其他业务知识，这是服务员搞好优质服务的智力基础。

如：记住常住客的姓名是非常重要的，记住其姓名并以其姓氏打招呼，根据其需求提供针对性服务，就会使客人倍感亲切，加深对酒店的良好印象。

加强记忆力必须做到：①明确记忆目标。②精力集中，力求理解记忆。③反复运用。④讲究科学的记忆方法。

2. 具备良好的观察力

服务员最令宾客佩服的本领，就是能把宾客最感兴趣的某种需要一眼看穿，并根据实际情况提供相应的服务。达到这一良好效果的前提，就是服务员能透过宾客的外部表现去了解其心理活动，这种能力就是服务员的观察力。一个观察力较强的服务员，在日常接待中能够通过对宾客眼神、表情、言谈、举止的观察发现宾客某些不很明显又很特殊的心理动机，从而运用各种服务心理策略和灵活的接待方式来满足宾客的消费需要，把服务工作做在客人开口之前。

3. 较强的交际能力

交际能力是服务员利用种种才干进行人际交往的本领。从客人踏进店门起，就应竭力使他们成为酒店的回头客。服务员的交际能力如何，就十分重要了。

按照现代服务工作的要求，餐饮工作人员应成为一名招徕宾客的"演说家"，诱导宾客消费的"服务工程师"。

五、端庄的仪表

餐饮服务人员仪容仪表总的要求是端庄典雅，容貌端庄大方，给人以亲切、可信赖的印象。仪容的要求是适度、美观、容光焕发、精神振作。餐厅女服务员应淡妆上岗，各种饰品一般不用，用则求简。餐饮服务人员上岗必须按规定着装，衬衣一般系裤内或裙内，左胸前佩戴标牌，工作服整齐清洁，纽扣齐全，领带、领结符合规定，做到无脏、无皱、无破损。头发梳理整齐，男发不超过发际线，不盖耳、不过领、不留大鬓角，女发不过肩。个人卫生清洁，不留长指甲，要勤换衣，避免异味，保持体味清新。餐饮服务人员上岗期间要精神饱满，注意力集中，餐厅女服务员不能涂抹有色指甲油。要面带微笑，体态高雅，举止庄重，落落大方。上岗前，餐饮服务人员要面对梳妆镜，进行自我检查，看是否合乎要求，要以最佳的精神状态做好开餐前的准备工作。

第二节　餐饮服务心理与策略

一、宾客在餐厅的心理需求

餐厅服务是旅游饭店服务中不可缺少的环节，餐饮收入在整个旅游收入中占到1/3左右，因此，无论从完善旅游服务角度，还是从经济角度，做好餐厅的服务与管理都是必要的。客人来到餐厅用餐，对餐厅的需求是不尽相同的，但也有共同之处，我们将其归为以下几个方面。

（一）求尊重、公平心理

在餐厅服务中，要注意满足客人的尊重需要。尊重需要作为人的一种高层次的需要，贯穿于整个旅游活动中，在餐厅服务心理中表现得尤为突出。客人到餐厅就餐希望自己受到欢迎和尊重，不希望受到冷落与嘲笑。

公平合理也是客人对餐厅服务的基本要求。只有当客人认为在接待上、价格上是公平合理的，才会产生心理上的平衡，感到没有受到歧视和欺骗。客人在用餐过程中的这种比较，既存在于不同的餐厅之间，也存在于同一餐厅的不同客人之间。同样类型、同等档次的餐厅，价格上、数量上以及接待上的不同都会引起客人的比较。如果客人在就餐的过程中，并没有因为外表、地位或消费金额上的不同而受到不同的接待，在价格上没有吃亏、受骗的感觉，他就会觉得公平合理，就会感到满意。因此，餐厅在制订价格、接待规格上都要注意尽量客观，做到质价相称，公平合理。

（二）求卫生心理

客人对就餐中的卫生要求非常严格，这也是客人对安全需要的一种反应，同时，卫生对客人情绪的好坏产生直接影响。只有当客人处在清洁、卫生的就餐环境中，才能产生安全感和舒适感。客人对餐厅卫生的要求体现在环境、餐具、食品和操作等方面。

1. 环境卫生

良好的卫生环境会给人以安全、愉快、舒适的感觉。餐厅是供客人就餐的场所，应该随时保持整洁雅净，要做到空气清新，地面洁净，墙壁无灰尘、无污染，窗明几净，桌椅整齐干净，台布口布洁净无瑕，厅内无蚊无蝇，只有这样客人才能放心地坐下来就餐；否则，他们将会重新选择就餐的场所。

2. 餐具卫生

餐具卫生非常重要，因为除了一次性的方便用具以外，其他餐具一般都是客人共用的，有时难免染上某些病毒或细菌。因此，餐厅必须配备有与营业性质相适应的专门消毒设备，同时要有数量足够的可供周转的餐具，以保证餐具件件消毒。另外，对于一次性使用的方便筷，最好经过消毒后进行单个包装，这样才能避免沾染灰尘和细菌。

3. 食品卫生

如果只从卫生的角度讲，在餐厅服务中，食品的卫生应该是最重要的。餐厅提供新鲜、卫生的食品是防止病从口入的重要环节。因此，不论餐厅的档次高低，就餐的客人都有一个共同的心态：能吃到新鲜卫生的食品。为此，餐厅的食品原料要新鲜，严禁使用腐烂变质的食品，特别是凉拌菜要用专门的消毒处理工具制作，防止生、熟、荤、素菜交叉污染。食品饮料一定要在保质期内，坚决禁止供应过期食品。

4. 操作卫生

餐饮服务人员应严格按照餐厅服务程序为客人提供服务，严禁任何不卫生的操作规范。如上菜时手指碰到食物，不配备公用汤勺和筷子等。另外，餐饮服务人员的仪表仪容应给客人健康卫生的感觉。如有的服务员衣服油垢重重，指甲过长并藏有污垢，有的女服务员不施淡妆，在灯光映照下显得苍白，给人感觉有病的样子，有的女服务员浓妆艳抹，也会令客人产生不舒服的感觉，影响客人的就餐情绪。

（三）求美心理

在物质生活相当丰富的今天，对旅游者而言，在饭店的餐厅用餐已不重要，这种生理需求伴随着其他需求同时出现。旅客在餐厅进餐，对美的需求是显而易见的。比如，旅客对餐厅的环境形象、服务员的服饰、菜肴的色香味、装菜肴的器具等都有自己的追求和看法。

中国的饮食制作不仅注重形式美，而且注意内容美，常以名寓意，注重造型。在餐桌上展现造型优美的菜肴艺术，使其宛如一幅立体画，一首无言的诗，一支优美的乐曲，令人不忍下箸而又垂涎欲滴，期盼品尝。客人在享受视觉美的同时，再通过食品自然散发出来的香气满足嗅觉的需要，诱发食欲，从而全方位地调动就餐时的审美感。

（四）求快心理

客人到餐厅就餐时希望餐厅能提供快速的服务，因为现代生活的高节奏使人们形成了一种对时间的紧迫感，养成了快速的心理节律定势，过慢的节奏会使人不舒服，也不适应。一些客人就餐后还有很多事要做，所以他们要求提供快速的餐饮服务。从时间知觉上看，期待目标出现前的一段时间使人体验到一种无聊甚至痛苦，对期待目标物出现之前的那段时间，人们会在心理上产生放大现象，觉得时间过得慢，时间变得很长。客人饥肠辘辘时如果餐厅上菜时间过长，更会使客人难以忍受。当人处于饥饿状态时，由于血糖下降，人容易发怒。

（五）求知心理

凡是新鲜的事物，总会引人注目，激起人们的兴趣。求知是旅游者在餐厅进餐的心理需求之一。如对地方特色佳肴、菜名、饮食方法、与菜肴相关的典故等，旅游者都有求知的欲望。对于风味奇特、花样新颖、造型精美或从未品尝过的饮食产品，则会产生新奇感，迫切期望亲身体验。

二、餐饮服务的心理策略

（一）树立餐厅形象

1. 美好的视觉形象

用餐环境是为客人提供优质的餐饮服务的基础，是满足客人物质享受和精神享受的重要条件。餐厅为了树立美好的视觉形象，除了做好环境的清洁卫生工作，还应从环境的布局和家具的设置、摆放以及餐厅内的色彩选择等方面入手。餐厅装饰的整体气氛要有艺术性，以营造一种独特的境界，使客人进入餐厅就感到温馨浪漫，或古朴典雅，或自然清新，或具有异国情调；再配上柔和的灯光与舒缓的音乐，客人就会感到轻松、亲切、惬意，得到美的享受。

2. 愉快的听觉形象

音乐对于人们的情绪、身心具有特殊的调节作用，优美的听觉形象可以促进食欲，调节客人的心境，使人感到轻松愉快。音乐是表达情感的物质载体，人们能够从中体会到丰富的思想感情，从而引起丰富的联想和强烈的共鸣。背景音乐对于客人在消费场所的消费购买行为有直接的影响。合适的背景音乐能营造良好的进餐氛围，活跃餐厅气氛，减弱噪声，缓和客人和服务人员的情绪。

3. 良好的嗅觉形象

在餐厅中，由于环境的特殊性，往往容易飘散各种气味，如各种饭菜味、酒味甚至烟草味。这些气味混合在一起，带给人的心理感受通常都是极不愉快的，会极大地影响客人的进餐情绪。为了保持餐厅良好的空气质量，一方面要做好餐厅的通风工作，另一方面要做好餐厅内的温度调节工作。一般来说，现代化餐厅比较适宜的温度大多为 18℃~22℃，如果温度过高则易使人感觉闷热，大汗淋漓；温度过低又会使人感觉寒冷，嗅觉的感受性下降，从而影响人的食欲。

同时，过低的餐厅温度也会使上桌的菜肴很快变凉，影响客人品尝美味佳肴。

（二）树立食品形象

在人们以往的印象中，菜肴质量仅仅指的是菜肴的卫生情况以及菜肴是否可口。现在，随着菜肴制作水平和人类饮食文化的不断发展，除了菜肴是否可口这一评判标准外，菜肴质量的内涵又有了扩展，如今人们对菜肴质量的评价主要包括以下几个方面：

1. 明亮的色泽

菜肴的颜色是客人评判菜肴的视觉标准，同时它也是对菜肴的装饰，对客人的心理产生直接作用。一般来说，菜肴食品的颜色与人的情绪和食欲存在着一定的内在联系。每一种菜肴的色彩都有其特定的心理功效，红、黄、绿等颜色比较容易激起客人的食欲。比如，红色食物能够兴奋中枢神经，易使人感到食物有浓郁的香味且口感鲜美，此外，红色食物还会给人以华贵喜庆之感；黄色食物多给人以淡香的感觉，高雅、温馨，可以调节人的心境；绿色食物在人们心目中往往代表了新鲜、清爽，有舒缓情绪、愉悦心境的作用。餐饮工作人员应本着以食物的自然色为主的原则，充分利用各种色彩对人的心理的调节功效来制作各种菜肴产品。

2. 优美的造型

菜肴是否具备优美的造型是菜肴质量的外在表现，也是客人评定菜肴质量的视觉标准之一。精细优美的菜肴形象可以起到美化游客视觉，满足其对菜肴的美感享受。当然，为了满足游客对视觉美感的追求，餐厅除了对菜肴本身应追求造型优美、形象生动外，在盛装菜肴的器具上也应注意搭配。盛具的精美，对于菜肴具有衬托作用，能够使之锦上添花。古人云："美食不如美器。"在餐桌上，各种美食美器相映成趣，容易让人感到赏心悦目，食欲大增。此外，餐具的搭配应与食物本身的大小以及分量相称，才能有美的感官效果。

3. 可口的风味

菜肴口味的好坏是人们评价菜肴烹制技术水平最重要的标准，因此菜肴的口味好坏对于餐厅来说至关重要。对于菜肴来说，最基本的要求就是口味纯正、味道鲜美、调味适中。当然，餐厅南来北往的客人很多，而环境的影响和地方的习俗会让不同地域的人们在菜肴的口味上有一定的偏好，比如在中国就有"南甜北咸，东辣西酸"之说。因此，餐厅在为客人提供菜肴时，应充分考虑其主要顾客群的饮食习惯和偏好，以更好地满足他们对菜肴的口味需求。旅游者都希望能拥有一段不同于平常的经历，甚至会将品尝美味佳肴以及那些极具传统的地方特色食品，作为自己旅游活动的一部分。而旅游目的地所拥有的独具特色的风味饮食，则恰好从饮食这一层面满足了游客的这一心理需求。

4. 合理的收费

在保证菜肴质量的基础上，餐厅的收费也应注意其合理性。菜肴价格的公平合理是客人对餐厅所提供的菜肴产品和服务的基本要求。菜肴价格定得是否适当，直接关系到餐厅与客人双方的切身利益，也直接影响到客人的心理承受力，更直接体现在客人对餐厅菜肴是否愿意消费，以及消费的数量多少上。如果价格与产品的质量不相符，定价太高，就会影响餐厅的声誉和销售，同时也会最终影响游客对饭店的总体印象和评价。此外，由于当今人们外出就餐频率的增多，对价格的高低已经渐成习惯，如果价格偏低，客人就会怀疑产品的质量是否有问题，同样也会对其就餐心理产生不利的影响。因此，餐厅制定的收费一定要合理，要让客人觉得他们的花费是"物有所值"，甚至是"物超所值"的，有心理上的平衡感。

（三）树立员工形象

1. 仪表整洁，技巧娴熟

仪容仪表是优质餐饮服务的重要体现，它将直接影响客人对服务人员以及整个餐厅的观感，影响到客人对整个饭店的印象和评价。因此，必须重视服务人员的仪容仪表。工作制服的式样、色彩和质地都应与餐厅的整体风格相协调，服装在样式的选择上可以或西式，或中式，或带有地方特色的民族服装，将服务员的服饰与餐厅的室内环境有机地结合起来，增强艺术特色，产生形象吸引力。服务人员的发型、饰物要求做到整洁、大方，特别是女性服务人员，在工作时应把头发束起，避免为客人上菜或是提供其他服务时有头发掉落或是垂下，引起客人的反感，甚至对餐厅的卫生状况产生怀疑。此外，服务人员的举手投足，如坐姿、站姿等方面都应做到规范得体、自然大方，以期给客人留下良好的印象。

由于餐饮服务工作的特殊性，服务人员应随时注意保持工作制服的整洁平整，避免工作制服不干净或穿戴不整齐，给游客带来不适感，破坏餐厅甚至是饭店的形象。餐厅服务人员在为客人服务时，还应做到准确娴熟，以提高服务质量和工作效率。

2.服务快速热情，主动耐心

（1）服务要快速。处于饥饿状态的人由于血液中血糖含量降低，是比较容易发怒的。因此，为了满足旅游者的需求，应在服务时间及速度上下功夫。

从餐厅服务角度讲，就应该了解、理解并满足客人的这种心理需求。为了满足客人的这种求快的需要，可采取如下的一些服务策略：①备有快餐食品，为那些急于就餐者提供迅速的服务。②客人坐定后，先上茶水以安顿客人，使他们在等待上菜过程中不感到太无聊或觉得上菜太慢。另外，也可以根据客人的消费金额免费提供一些小菜，供客人食用，这一方面使客人体验一种得到赠送的愉快，也消除了等待的无聊感。③反应迅速，客人一进餐厅，服务员要及时安排好客人的座位并递上菜单，让客人点菜。④结账及时，客人用餐结束，账单要及时送到，不能让客人等待付账。

（2）服务要主动耐心。服务人员应主动热情地接待客人，使其处于较为愉快的情绪状态中，促使服务环境与交往气氛温馨融洽，达到服务的最佳境界。服务人员应热情地向客人问好，并为客人拉椅让座、看茶倒水、送香巾以及点菜，要让客人感觉到服务人员不是在例行公事，简单地敷衍，而是发自内心地欢迎客人。同样，客人用餐过程中，服务人员应继续保持积极热情的服务，以保证客人能够满意、顺利地用完餐。如适时地为客人斟酒，主动地为客人撤换烟灰缸，适时地撤走餐桌上的空菜盘等。服务人员应尽力把一切服务工作做在客人开口之前。在对客人服务过程中，服务人员还应做到耐心细致，切实地去观察体会客人的实际心理需求。

但是，在餐厅服务工作中，常常发生这种情况：尽管服务员满腔热情地为客人提供服务，但客人有时不仅不领情，反而流露出厌烦或不满的情绪。是客人不通情达理吗？当然不是。这里有一个很重要的原因，那就是服务员未能充分了解客人的需求，实行无干扰服务。所谓无干扰服务，就是指在客人不需要的时候及时退出，在需要的时候招之即来。在服务行业中，机械的规范服务并不能换取客人百分之百的满意，这是因为服务需求的随意性很大，尽管服务员已尽心尽责，但客人会因其自尊、情绪、个人癖好、意外情况、即时需求等原因提出服务规范以外的各种要求。这也说明，标准化的规范是死的，而人的需求是活的，饭店服务必须满足客人形形色色的需求，才能使服务上一个新台阶。

就客人的需求而言，"无需求"本身也是一种需求，客人各种各样的需求中当然也包括"无需求"这种需求。从社会心理学的角度来看，对这种"无需求"的需求提供的服务是为了满足客人个人空间的需求，使饭店的服务达到尽善尽美。因此，充分了解客人的这种"无需求"，有针对性地提供无干扰服务，对于提高饭店的服务质量具有十分重要的意义。

（3）服务中勤介绍。新鲜的、奇特的事物或现象容易引起人们的注意和兴趣。餐厅经营应该在特色上下功夫，很多风味餐厅由于有特色而创建了名牌，如全聚德的烤鸭扬名全球。对自己的特色菜要勤介绍（当然，所有的菜肴上桌时都要报菜名），尤其是有典故或特别含义的菜肴要把大致的故事告诉旅游者，满足他们的求知欲望。

（4）服务要卫生、安全。餐饮服务人员应熟悉操作规范，无论是服务于餐台布置操作、餐桌准备操作，还是中西餐折花、斟酒、摆台操作，宴会服务操作，迎宾领位，结账收款等，都应该注意清洁、安全、卫生。

3. 懂得尊重客人

（1）微笑迎送客人。到餐厅就餐的客人，服务人员首先要给以热情的接待，这是餐厅服务的良好开端。客人一进餐厅，服务员就应把客人的情绪导向愉快。服务人员的迎接服务应该让每一个客人都感到被尊重，不能顾此失彼，有所遗漏。俗话说："宁落一群，不落一人。"只要有一个人感到不快，就是矛盾产生的"火源"。

（2）领座恰当。客人到餐厅就餐，服务人员要主动上前领座，而不能让客人自己找座位，以免客人产生被冷落感。在领座过程中，要征询客人的意见，由客人决定坐在什么位置。

（3）尊重习俗。服务人员在介绍菜单、帮助上菜、倒酒和派菜等服务上，除了应该注意服务技巧外，还要注意尊重客人的风俗习惯、生活习惯。这需要在服务过程中细心观察，主动征询，以及服务人员对有关常识的熟悉和了解。

4. 提供个性化服务

在餐厅的经营发展中，除了为客人提供必要的常规性服务外，现在也越来越重视服务产品的差异化创新，开始有针对性地推荐一些适合客人心理需求的产品和服务，因此，"个性化服务"应运而生。

美国著名营销学家瑟普丽诺和所罗门指出：个性化服务的含义是因人而异的。个性化服务就是服务人员根据个体以及特殊餐饮消费者群体的特点、要求，提供相应的优质服务，使其在接受服务的同时产生舒适的精神心理效应。个性化服务相对于标准化服务的区别在于，个性化服务要求更为细致的主动服务、灵活服务以及超常服务。因此，餐厅为客人提供的服务应该是：用规范化的服务来满足消费者的共性要求，用个性化的服务来满足消费者的个别需求。

餐厅提供的个性化服务实际上也就是那些看似平凡实则不平凡，看似容易实则难的细节性服务。例如，正值盛夏时节，当宾客一走进餐厅，服务人员就满面笑容地出来迎接，及时送上两次小毛巾（一次冷的，一次热的），隔5分钟后又送来一盘水果解暑，这时正是最炎热的季节，服务人员的热情和周到，就会令客人感到好像回到了自己的家一样。这就是一种针对特殊气候条件下的个性化服务。

为了更好地为客人提供个性化服务，服务人员首先应切实地把客人放在第一位，做到"心中想着宾客"，然后要注意从客人的一言一行中发现客人的特殊需求，急客人之所急，努力地用一些针对性服务去化解家人的困难，以达到最佳的服务效果。

个性化服务是餐厅经营管理的关键。以人为本，把工作重点放在满足客人的需求上，才能谈得上为客人提供优质服务，让他们真正感到在餐厅用餐是一种享受。

（四）餐厅服务中的"五忌"

1. 忌旁听

在客人交谈时，不旁听、不窥视、不插嘴是服务员应具备的职业道德。服务员如有急事应与客人商量，也不能贸然打断客人的谈话，最好先暂待一旁，以目示意，等客人意识到后，再上前说"对不起，打扰你们谈话了"，然后把要说的话说出来。

2. 忌盯瞅

在接待一些服饰奇特的客人时，最忌讳久视客人、评头论足，这样容易使客人感到不快。

3. 忌窃笑

客人在餐厅聚会、谈话，服务员除了提供应有的服务外，应注意不在客人面前窃笑，不交头接耳，不品评客人的言谈，以免使客人有被窥视、窃听之感。

4. 忌用口语

有的服务员缺乏语言技巧，在餐厅服务中可能会伤害客人。例如："你要饭吗？"这种征询客人意见的语言，使人听起来不舒服。

5. 忌厌烦

在餐饮服务中，有的客人用不文明的语言使唤服务员，此时，服务员不能因客人不礼貌而表现冷淡或不耐烦。相反，应通过主动、热情的服务，使客人意识到自己的失礼。如果服务员很忙，可表示歉意："请稍候，我马上就来。"

【实训6】分析客人类型

实训目标

通过教师的介绍，学生能理解气质类型的稳定性及表现；通过技能训练，学生能够了解自己和同组成员的气质类型；通过练习，学生能够根据外在表现分析其他人的气质类型。

课前准备

多媒体投影设备、有关气质主题的相关PPT、图片；录像设备，如手机、录像机等；要求学生课前通过阅读书籍、网络搜索等途径学习气质类型的相关理论知识。

实训准备

带桌椅的多媒体教室1间；陈会昌《气质类型量表》和答题卡40张。

依据熟悉原则，将四名学生分为一组，所有学生都参与自评、互评。

|实训课时|

2 课时。

|任务与训练方法|

1. 教师讲解气质相关知识。

客人类型可以从性别、年龄、地域等特点分类，也可以从消费能力、消费习惯、社会地位等方面分类；在对客人服务中，客人的心理特征是影响客人消费行为与处事方式的重要影响因素，其中客人的气质类型是稳定的心理特征，也容易被服务人员通过观察而知晓，进而采取相应的服务策略。

气质是一个人稳定的、与生俱来的心理特征，就是平常我们所讲的"脾气""秉性""江山易改、本性难移"指的就是人的气质；气质反映了心理活动的动力特征，反映了心理活动的强度、速度、稳定性、指向性等特点，按照这些特点的不同组合，气质类型通常被分为胆汁质、多血质、黏液质、抑郁质四种类型；气质类型本身没有好坏之分，不能笼统地认为某种气质类型好，某种气质类型不好，任何一种气质类型，既有积极方面，也有消极方面，如表 3-1 所示。

表 3-1　四种气质类型的积极面与消极面

气质类型	积极品质	消极品质	典型人物
胆汁质	勇敢、坦率、有进取心	粗心、粗暴、冒失	孙悟空
多血质	活泼、机敏、有同情心、善交际	轻浮、不踏实、无恒心	猪八戒
黏液质	稳重、冷静、坚毅、实干	冷静、固执、迟缓	沙和尚
抑郁质	敏感、细心、想象丰富、情感深刻	多疑、孤僻、怯懦、自卑	唐僧

客人的气质可分为四种类型：胆汁质（兴奋型）、多血质（活泼型）、黏液质（安静型）、抑郁质（抑制型）。古人所创立的气质学说用体液解释气质类型虽然缺乏科学根据，但人们在日常生活中确实能观察到这四种气质类型的典型代表。活泼、好动、敏感、反应迅速、喜欢与人交往、注意力容易转移、兴趣容易变换等等，是多血质的特征。直率、热情、精力旺盛、情绪易于冲动、心境变换剧烈等等，是胆汁质的特征。安静、稳重、反应缓慢、沉默寡言、情绪不易外露，

注意力稳定但又难以转移，善于忍耐等等，是黏液质的特征。孤僻、行动迟缓、体验深刻、善于觉察别人不易觉察到的细小事物等等，是抑郁质的特征。具体来讲，四种气质类型特点如下：

（1）多血质

活泼好动，反应灵敏，乐于交往，注意力易转移，兴趣和情绪多变，缺乏持久力，具有外倾性。灵活性高，易于适应环境变化，善于交际，在工作，学习中精力充沛而且效率高；对什么都感兴趣，但情感兴趣易于变化；有些投机取巧，易骄傲，受不了一成不变的生活。代表人物：韦小宝、孙悟空、王熙凤。

（2）黏液质

安静，稳重，沉着，反应缓慢，沉默寡言，三思而后行，情绪不容外露，注意力稳定而较难转移，善于忍耐，偏内倾型。反应比较缓慢，坚持而稳健地辛勤工作；动作缓慢而沉着，能克制冲动，严格恪守既定的工作制度和生活秩序；情绪不易激动，也不易流露感情；自制力强，不爱显露自己的才能；固定性有余而灵活性不足。代表人物：鲁迅，薛宝钗。

（3）胆汁质

胆率热情，精力旺盛，脾气急躁，情绪兴奋性高，容易冲动，反应迅速，心境变化剧烈，具有外倾性。情绪易激动，反应迅速，行动敏捷，暴躁而有力；性急，有一种强烈而迅速燃烧的热情，不能自制；在克服困难上有坚韧不拔的劲头，但不善于考虑能否做到，工作有明显的周期性，能以极大的热情投身于事业，也准备克服且正在克服通向目标的重重困难和障碍，但当精力消耗殆尽时，便失去信心，情绪顿时转为沮丧而一事无成。代表人物：张飞、李逵、晴雯。

（4）抑郁质

情绪体验深刻，行动迟缓，具有较高的感受性，善于觉察他人不易注意的细节，富有幻想，胆小孤僻，具有内倾性。高度的情绪易感性，主观上把很弱的刺激当做强作用来感受，常为微不足道的原因而动感情，且有力持久；行动表现上迟缓，有些孤僻；遇到困难时优柔寡断，面临危险时极度恐惧。代表人物：林黛玉、唐僧。

2.学生按照题本按顺序作答60题（即完成本实验的练习1），将自己的选项填在《气质类型测试答题卡》中。表 3-2。

表 3-2 气质类型测试答题卡

胆汁质	题号	2	6	9	14	17	21	27	31	36	38	42	48	50	54	58	总分
	计分																
多血质	题号	4	8	11	16	19	23	25	29	34	40	44	46	52	56	60	总分
	计分																
黏液质	题号	1	7	10	13	18	22	26	30	33	39	43	45	49	55	57	总分
	计分																
抑郁质	题号	3	5	12	15	20	24	28	32	35	37	41	47	51	53	59	总分
	计分																

3. 学生依据计分标准评估自己的气质类型。

气质类型测验评分方法如下：

（1）如果某一项或两项的得分超过 20，则为典型的该气质。例如胆汁质项超过 20，则为典型胆汁质；黏液质和抑郁质项得分都超过 20 分，则为典型黏液－抑郁质混合型。

（2）如果某一项或两项以上得分在 20 以下，10 以上，其他各项得分较低，则为该项一般气质。例如，一般多血质；一般胆汁质－多血质混合型。

（3）假若各项得分都在 10 分以下但某项或几项得分较其余项为高（相差 5 分以上），则为略倾向于该气质（或几项混合）。例如略偏黏液质型；多血质－胆汁质混合型。

其余类推。

一般来说，正分值越高，表明被试者具有该项气质的典型特征；反之，分值越低或越负，表明越不具备该项特征。

4. 本组内学生讨论交流，分析其他成员的气质类型及外在表现。

5. 学生完成本实验中的练习 2。

练习1：测试自己的气质类型

本测验选择的气质类型简便易做，而且测验结果也比较符合实际，是一种颇受欢迎、应用较广的气质类型问卷测验。

说明：下面60道题，可以帮助你大致确定自己的气质类型，在回答这些问题时，你认为这句话很符合自己情况的，在下面表格中相应题号下面记2分，比较符合自己情况的记1分，介于符合与不符合之间的记0分，比较不符合的记-1分，完全不符合的记-2分。

陈会昌《气质类型量表》

1. 做事力求稳妥，一般不做无把握的事。

2. 遇到可气的事就怒不可遏，想把心里话全说出来才痛快。

3. 宁可一个人干事，不愿很多人在一起。

4. 到一个新环境很快就能适应。

5. 厌恶那些强烈的刺激，如尖叫、噪声、危险镜头等。

6. 和人争吵时，总是先发制人，喜欢挑剔别人。

7. 喜欢安静的环境。

8. 善于和人交往。

9. 羡慕那种善于克制自己感情的人。

10. 生活有规律，很少违反作息制度。

11. 在多数情况下情绪是乐观的。

12. 碰到陌生人觉得很拘束。

13. 遇到令人气愤的事，能很好地自我克制。

14. 做事总是有旺盛的精力。

15. 遇到问题总是举棋不定，优柔寡断。

16. 在人群中从不觉得过分约束。

17. 在情绪高昂的时候，觉得干什么都有趣，情绪低落的时候，又觉得什么都没有意思。

18. 当注意力集中于一事物时，别的事很难使我分心。

19. 理解问题总比别人快。

20. 碰到危险情境，常有一种极度恐怖感。

21. 对学习、工作，怀有很高的热情。

22. 能够长时间做枯燥、单调的工作。

23. 符合自己兴趣的事情，干起来劲头十足，否则就不想干。

24. 一点小事就能引起情绪波动。

25. 讨厌做那种需要耐心、细致的工作。

26. 与人交往不卑不亢。

27. 喜欢参加热烈的活动。

28. 爱看感情细腻，描写人物内心活动的文学作品。

29. 工作、学习时间长了，常感到厌倦。

30. 不喜欢长时间谈论一个问题，愿意实际动手干。

31. 宁愿侃侃而谈，不愿窃窃私语。

32. 别人总是说我闷闷不乐。

33. 理解问题常比别人慢些。

34. 疲倦时只要短暂的休息就能精神抖擞，重新投入工作。

35. 心里有话宁愿自己想，不愿说出来。

36. 认准一个目标就希望尽快实现，不达目的，誓不罢休。

37. 学习、工作同样一段时间后，常比别人更疲倦。

38. 做事有些莽撞，常常不考虑后果。

39. 老师或他人讲授新知识、技术时，总希望他讲得慢些，多重复几遍。

40. 能够很快地忘记不愉快的事情。

41. 做作业或完成一件工作总比别人花时间多。

42. 喜欢运动量大的剧烈体育运动，或者参加各种文艺活动。

43. 不能很快地把注意力从一件事转移到另一件事上去。

44. 接受一个任务后，就希望把它迅速解决。

45. 认为墨守成规比冒风险强些。

46. 能够同时注意几件事物。

47. 当我烦闷的时候，别人很难使我高兴起来。

48. 爱看情节起伏，激动人心的小说。

49. 对工作抱认真严谨，始终一贯的态度。

50. 和周围的人关系总是相处不好。

51. 喜欢复习学过的知识，重复做能熟练做的工作。

52. 希望做变化大、花样多的工作。

53. 小时候会背的诗歌，我似乎比别人记得清楚。

54. 别人说我出语伤人，可我并不觉得这样。

55. 在体育活动中，常因反应慢而落后。

56. 反应敏捷，头脑机智。

57. 喜欢有条理而不甚麻烦的工作。

58. 兴奋的事常使我失眠。

59. 老师讲新概念，常常听不懂，但是弄懂了以后很难忘记。

60. 假如工作枯燥无味，马上就会情绪低落。

练习2：判断顾客气质类型

气质类型通常是表现在外的，服务人员可以通过宾客的体态语言、语气、语速、音量、面部表情综合进行判断，其中体态语言就是一项重要的评判指标。多血质类型的客人是属于乐天派，对事物看得开，乐观、爱交际；胆汁质的人易怒、语气急促；黏液质的人不急于表态，往往随大流；抑郁质的客人往往显得不太自信，喜欢做一个旁观者。

题1：请分析并讨论一下，下面图中的四人是属于什么气质类型？为什么？

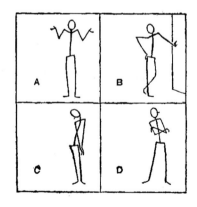

题2：下图是丹麦漫画家皮特斯特鲁普的著名作品《一顶帽子》，画中四个不同的人面对自己的帽子被别人坐在屁股下面的场景，分别有不同的反应，这种反应并不是偶然的反应，而是一种相对固定的行为方式，体现出了四个人不同的气质类型，这四人分别是什么气质类型呢？

第四章　托盘的使用

第一节　托盘的种类及用途

一、托盘的种类

托盘是餐厅服务人员在席间为宾客端送物品的常用工具之一。正确地使用托盘，不仅能体现餐厅服务的规范性，而且能省时、省力，提高服务效率。托盘操作是作为一名合格餐厅服务人员必须掌握的一项基本技能，是餐厅服务中具有一定艺术价值的服务活动。正确使用托盘是每个餐厅服务人员应掌握的基本操作技能。熟练掌握托盘操作技能可以提高工作效率、服务质量和规范餐厅的服务工作。根据托盘的质地可分为以下几种：木质托盘，即用木材制作，外涂油漆。塑胶托盘，即用塑料制作，采用防滑工艺处理。金属托盘，即用银、铝或不锈钢制作。根据托盘规格大小可分为：大、中、小三种。根据形状可分为：长方形托盘、圆形托盘、方形托盘。根据托举种类或托举部位可分为轻托或重托。

一般长方形或圆形大托盘用于传菜和搬运较重物品，可以采用双手或重托方法托盘。中圆形托盘一般用于摆台、酒水服务、撤换餐具和换烟灰缸等；小圆形托盘主要用于递送账单、收款，递送信件或高档酒品。

目前，餐厅使用较为普遍的是胶木托盘，它具有轻便耐用、防滑防腐、使用方便等特点。

二、托盘的用途

托盘的质地、规格、形状不同，用途也有所不同。餐厅服务一般常用的托盘有三种，一种是大、中长方形塑胶托盘；另一种是中圆形塑胶托盘；再一种是小圆形托盘（银或不锈钢）或 15 厘米 ×10 厘米的小长方形托盘。表 4-1。

表 4-1　托盘的种类与用途

种类	用途	规格
大、中长方形塑胶托盘	托运盘碟、菜点、酒水等较重的物品	45 厘米 ×35 厘米
大、中圆形塑胶托盘	用于斟酒、上菜、分菜，展示酒水、饮料等	直径为 40 厘米
小圆形托盘（银或不锈钢）或小长方形托盘	用于递送账单、收款，递送信件等	直径为 15 厘米或 10 厘米

第二节　托盘的使用方法

一、轻托的操作

轻托又称胸前托，是指托送比较轻的物品，或用于上菜、分菜、斟酒、撤换餐具，一般所托重量在 5 千克以内，此托法常用于餐饮工作中的圆托，是最常见的和实用的托法。轻托通常在顾客面前操作，其准确、熟练、优雅程度非常重要，也是衡量、评价餐饮服务人员水平高低的标准之一。

轻托时左手托盘，大臂自然下垂，小臂与大臂成 90°，掌心向上；五指分开，用手指和手掌托住盘底（掌心不与盘底接触），托住盘的中心，平托于胸前；肘部离腰部约 15 厘米；托盘时行走，头正、肩平、目视前方、面带微笑，轻托动作要求熟练、准确、优雅。表 4-2。

表 4-2　轻托的操作标准与要求

程序	操作标准与要求	补充说明
理盘	根据所托物品选择合适的托盘 将托盘洗净擦干 如果不是防滑托盘，则在盘内垫上洁净的垫布	垫布需用清水打湿拧干、铺平拉齐

续表 4-2

程序	操作标准与要求	补充说明
装盘	根据托送物品的体积、形状和使用的先后顺序合理装盘，以安全稳当和方便操作为宜 重物、高物放在托盘的内侧，轻物、低物放在托盘的外侧 先用、先上的物品在上、在前，后用、后上的物品在下、在后 总体上要求保持托盘内物品重量分布均衡，重心靠近身体	装盘时不要一次装太多的物品，多跑几趟，保证安全
起托	先将托盘一端拖至服务台外，保持托盘的边有15厘米搭在服务台上 左手掌心向上，五指分开，左手托住托盘底部，右手握住托盘边 如果托盘较重，则先屈膝，利用腿部直起的力量将托盘托起	保持托盘平稳，动作应一步到位，干净利落 小臂与大臂垂直于左胸前，平托略低于胸前
行走	行走时要头正肩平，收腹挺胸，上身挺直，目视前方，脚步轻快稳健，精力集中，随着步伐移动，托盘在胸前自然摆动，但以菜肴酒水不外溢为标准	面部表情要放松、自然
卸盘	将托盘平稳地放在工作台上，再安全取出物品 用轻托方式给客人斟酒时，要随时调节托盘重心，勿使托盘翻倒	动作轻缓，保持托盘重心稳当，盘内物品不能倾斜、落地

二、重托的操作

所托物品大且重，一般在 5~10 千克，多用于托运较多的菜点、酒水和餐具。目前有被小推车代替的趋势。表 4-3。

使用重托时，左手托盘，托盘位于左肩外上方。五指分开，掌心向上，平托住托盘底部的中心。托盘时行走，头正、肩平、目视前方、面带微笑。

无论是轻托还是重托，在操作时都应尽量做到三平、一稳、一松。

三平：就是掌握好托盘的重心，做到眼睛平、双肩平、托盘平。

一稳：即装盘要合理稳妥，做到托盘平稳不晃动，行走步稳不摆动，转让灵活不碰撞，给人以身稳踏实的感觉。

一松：在托重物的情况下，面部表情要显得轻松自然，行走动作要有一定的节奏感，在整个托盘服务中给人一种优雅轻松之感。

表 4-3　重托的操作标准与要求

程序	操作标准与要求	补充说明
理盘	根据所托物品选择合适的托盘 将托盘洗净擦干 如果不是防滑托盘，则在盘内垫上洁净的垫布	垫布需用清水打湿拧干、铺平拉齐
装盘	根据托送物品的体积、形状和使用的先后顺序合理装盘，以安全稳当和方便操作为宜 重物、高物应放在托盘的中心位置	物品与物品之间应留有适当的距离，以免行走时发生碰撞而产生声响或造成托盘不稳
起托	双手将托盘移至工作台的边沿处，使托盘的 1/2 悬空 右手将托盘扶平，左手伸入托盘底部，五指分开，掌心向上，平托住托盘底部的中心 掌握好重心 右手协助左手向上用力将托盘慢慢托起，在托起的同时转动托盘，使托盘在左旋转过程中送至左肩外上方，待左手指尖向后距肩 2 厘米处，左手托实、托稳后，再将右手撤回呈下垂姿势	双脚分开呈外八字形，双膝屈膝下蹲呈骑马蹲裆式，腰部略向左前方弯曲，左手臂呈轻托起托状 手臂要始终保持均匀用力 盘底不搁肩，盘前不靠嘴，盘后不靠发
行走	行走时要头正肩平，收腹挺胸，上身挺直，目视前方，要掌握好托盘重心，保持平稳，右手或自然摆动或扶住托盘的前内角，并随时准备防止他人碰撞	面部表情要放松、自然
卸盘	右手扶稳托盘，向右旋转托盘 将托盘平稳地放在工作台上，再安全取出物品	动作轻缓，保持托盘重心稳当，盘内物品不能倾斜、落地

【实训 7】轻托使用训练

|实训目标|

通过技能训练，使学生掌握轻托操作技能，能熟练地进行轻托行走并能灵活自如地运用轻托技能进行对客人服务。

|课前准备|

多媒体投影设备、有关轻托使用为主题的相关 PPT、短视频；录像设备，如手机、摄像机等。

|实训准备|

1. 物品准备：大、中、小三种型号的圆形托盘，啤酒瓶、易拉罐等各种高低不同的酒水饮料瓶罐，干净抹布数块。

2. 场地准备：餐厅实训教室或无干扰条件下的室外空地。

3. 分组安排：根据班级人数平均分组，每组 3~4 人，选出 1 名组长。

|实训课时|

4 课时。

|任务与训练方法|

训练方法：

教师先对轻托进行理盘、装盘、起托、站立、行走和卸盘的示范，并讲解训练要求。

学生以小组为单位进行模仿学习和训练。

小组中 1 人进行理盘、装盘、起托、站立、行走和卸盘练习，1 人协助，另外 2 人参照技能考评标准进行评议和纠错，以此训练方式 4 人轮流练习。

教师根据学生学习和训练的情况进行巡回检查和辅导。

为提高学生的训练兴趣，可以开展以小组为单位的分段程序和全程序的操作竞赛。

学生学会了托盘操作后，再以中级工的技能考核要求训练他们的托盘技能技巧。

训练程序：

1. 理盘训练

在理盘前要用医用酒精将托盘及手消毒后再去托盘。将要用的托盘洗后用布擦干放在洁净的帛垫或布垫上，垫布的大小和托盘相适应，外露部分均匀，这样既美观又整洁，还可防止托盘内东西的滑动。

2. 装盘训练

根据装盘原则对不同的餐具进行装盘，要求装盘得当，物品摆放整齐，重量分布均匀，物与物之间有一定间隔。

3. 起托和托盘站立训练

按轻托操作程序进行理盘、装盘、起托、托盘站立操作，要求托姿正确、轻松、优雅。

托砖块或沙袋：练习左手臂的臂力，待臂力加强后进入下一步训练。

托空酒瓶：先托一个空酒瓶，熟练后逐步增加空酒瓶数量，练习托盘站立的姿态和平稳性。

托装水的酒瓶：先托一个装水酒瓶，熟练后逐步增加装水酒瓶数量，练习托盘站立的姿态和平稳性。

托装水的饮料杯：先托一个装水饮料杯，熟练后逐步增加装水饮料杯的数量，练习托盘站立的姿态和平稳性。

4. 托盘行走训练

托送 1~2 个啤酒瓶（内装水）进行托盘行走训练。

按轻托操作程序进行理盘、装盘、起托、托盘，要求托姿正确、轻松、优雅。行走时要保持肩平头正，上身挺直，目视前方，步履轻快，托盘不贴腹，托盘的手腕要轻松灵活，上臂不可紧贴身体，随着走路的节奏自然摆动，切忌僵硬死板。

（1）托盘平地行走：先托送一瓶酒平地行走，熟练掌握后，托送两瓶酒，练习托盘行走的平稳性。

（2）托盘上下楼梯：先托送一瓶酒上下楼梯，熟练掌握后，托送两瓶酒，练习托盘上下楼梯行走的平稳性。

（3）托盘障碍行走：先托送一瓶酒练习障碍行走，熟练掌握后，托送两瓶酒，练习托盘障碍行走的平稳性。

练习方法：每组学生按纵向排队，每人间隔100~150厘米，进行托盘站立练习，同时每组有一名学生进行托盘行走避让练习，按照S形从排头走到排尾，依次轮流进行。

（4）托盘向外延伸的训练：掌握托盘站、行、走的操作后，再进行托盘向外延伸的训练。托送一瓶酒向外延伸，熟练掌握后，托送两瓶酒。

练习方法：左手托盘小臂与胸前角度成90°，逐渐向左外侧延伸使小臂与胸前成180°，再由180°平移回90°，依次反复练习。

动作要求：左臂延伸时，托盘手腕角度做适当的调整，身体角度不随之移动。

托盘向外延伸时速度不要过快，以托盘内物品平稳不晃动为标准。

（5）托盘拾物的训练：托盘拾物时上身保持直立，双腿弯曲下蹲，左手托盘保持平稳，右手拾物。

（6）托盘撤换餐具：掌握托盘行走操作后，再进行托盘撤换餐具的训练。以撤换骨碟、汤碗、筷子为例进行训练，左手托盘，右手进行撤换，要求托盘内的物品摆放整齐均匀，手指随盘内物品重量的变化而不断调整位置，以保持托盘的平稳。

5.卸盘训练

托盘行走练习结束时，进行卸盘练习。要求托盘行走即将到达目的地时放慢行走速度，平稳站立于工作台前，左腿在前，身体稍向前倾，将托盘前沿搭放于工作台上，并用右手扶住托盘边沿，辅助左手顺势将托盘平稳推放于工作台上，卸盘时操作要慢、轻、稳，注意掌握好托盘的平衡，避免盘内物品倾倒。

|实训活动评价|

见表4-4。

表4-4　轻托使用训练评价表

小组成员					
考评地点					
考评内容	轻托使用技能				
考评标准	评价指标	分值/分	自我评价/分	小组评议/分	实际得分/分
	托盘干净	10			
	托盘内物品摆放整齐	10			
	装盘顺序合理	10			
	起托平稳	10			
	起托自然、利索	10			
	行走时脚步轻快稳健	15			
	菜肴酒水不外溢	10			
	卸盘平稳、利索	10			
	表情自然、放松	15			
合计		100			

总得分＝自我评价分×40%＋小组评议分×60%；考评满分为100分。

第五章　餐巾折花

餐巾，又名口布、茶巾、茶布、席布、花巾等，各地有其不同的叫法，是餐厅中常备的一种卫生用品，又是一种装饰美化餐台的艺术品。一般为正方形布巾，边长从 45 厘米到 65 厘米不等，是餐厅中供宾客用餐时使用的卫生清洁和装饰用品。

第一节　餐巾的作用及种类

一、餐巾的作用

餐巾折花是餐前的准备工作之一，主要工作内容是餐厅服务员将餐巾折成各式花样，插在酒杯或水杯内，或放置在盘碟内，供客人在进餐过程中使用。服务员将餐巾折成各式花样，插在酒杯或水杯内，或放置在盘碟内，供客人在进餐过程中使用。

餐巾是餐桌上的普通用品，餐巾折花是一项艺术创作，它可以烘托宴会的气氛，增添宴会艺术效果，因此餐厅服务员要掌握餐巾折花摆放的基本要求。古代典籍中就有宴会中使用"餐巾"覆盖食物和擦手的记载。明清时期，宫廷和贵族宴会就出现了高档的锦缎绣花餐巾，可以说餐巾并非完全是舶来品。

（1）装饰美化餐台气氛。不同的餐巾花型，蕴含着不同的宴会主题。形状各异的餐巾花，摆放在餐台上，既美化了餐台，又增添了庄重热烈的气氛，给人以美的享受。

（2）烘托餐台气氛，突出宴会目的，起到一定的无声语言的作用，会对交流思想感情产生良好的效果。例如寿宴、喜宴上的餐巾花，如折出比翼齐飞、心心相印的花型送给一对新人，可以表示出永结同心、百年好合的美好祝愿。国宴上，如用餐巾折成喜鹊、和平鸽等花型表示欢快、和平、友好，给人以诚悦之感。

（3）卫生保洁的作用。餐巾是餐饮服务中的一种卫生用品。宾客用餐时，餐厅服务员将大餐巾可折起（一般对折），折口向外平铺在腿上，小餐巾可伸开直接铺在腿上，不可将餐巾挂在胸前（但在空间不大的地方，如飞机上可以如此），餐巾可用来擦嘴或防止汤汁、酒水弄脏衣物，避免用自己的手帕。拭嘴时需用餐巾反摺的内侧的上端，并用其内侧来擦嘴。而不是弄脏其正面，这是应有的礼貌。绝不可用来擦脸部或擦刀叉、碗碟等。手指洗过后也是用餐巾擦的。若餐巾脏得厉害，请服务员重新更换一条。另外，现在一般不用把餐巾压在餐盘底下进餐，因为这样会不小心带动餐巾，从而使餐盘滑落。在用餐期间与人交谈之前，先用餐巾轻轻地揩一下嘴；女士进餐前，可用餐巾轻抹口部，除去唇膏。在进餐时需剔牙，应拿起餐巾挡住口部。

（4）餐巾花型的摆放可标出主宾、主人的席位。在折餐巾花时应选择好主宾的花型，主宾花型高度应高于其他花型高度，以示尊贵。

（5）沟通宾主之间的感情，有象征意义和寓意，是基本的礼仪，有习俗的表现与要求。

（6）在西餐宴会中，餐巾有很多信号的作用。在正式宴会上，女主人把餐巾铺在腿上是宴会开始的标志。这就是餐巾的第一个作用，它可以暗示宴会的开始和结束。中途暂时离开时，将餐巾放在本人座椅面上。

（7）餐巾是饭店服务艺术和情感化的表现内容之一。

二、餐巾的种类

（一）按餐巾的质地分

（1）纯棉织品：吸水性强、去污力强；浆熨后挺括，易折成型，造型效果好，但折叠一次效果才最佳；手感柔软，但清洗麻烦，需洗净、上浆、熨烫。

（2）棉麻织品：质地较硬，不用上浆也能保持挺括。

（3）化纤织品：颜色亮丽、透明感强；富有弹性，比较平整，如一次造型不成，可以二次造型。可塑性不如纯棉织品和棉麻织品好；易清洗，但吸水性差，去污力不如纯棉织品；手感不好。

（4）纸质餐巾：成本低，更换方便；尽管也能循环再利用，但是不够环保；有时也有非正式的感觉和低档次的感觉。

（二）按照餐巾的颜色分

（1）白色餐巾：应用最广，给人以清洁、卫生、典雅之感，它可以调节人的视觉平衡，可以安定人的情绪。但是不耐脏，对环境的装饰性不够，有一点单调。

（2）冷色调餐巾：给人以平静、舒适的感觉，主要包括浅绿、浅蓝、中灰等。例如，湖蓝在夏天能给人以凉爽、舒适之感。

（3）暖色调餐巾：给人以兴奋、热烈、富丽堂皇、鲜艳醒目的感觉等，主要包括粉红色、橘黄色、淡紫色等。例如，大红、粉红餐巾给人以庄重热烈的感觉；橘黄、鹅黄色餐巾给人以高贵典雅的感觉。

（4）条状餐巾：给人清爽、新奇的感觉，改变一般的餐厅用具印象，一般在零点餐厅、西餐厅应用多一些。

（三）按餐巾的规格分

餐巾规格的大小在不同的地区不尽相同，根据实际使用效果，规格为45厘米×45厘米、50厘米×50厘米或60厘米×60厘米的餐巾折叠造型、实际使用较为普遍、适宜。

（四）按餐巾的边缘形状分

餐巾边缘有平直形、波浪曲线或花边等类型。

三、餐巾折花的基本类型

各种各样的餐巾折花，图案各异、形状多样、栩栩如生，现在比较成熟的、简洁的、容易折叠的餐巾折花有近百种。按照餐巾折花的盛器分为杯花、盘花和环花。

1. 杯花

一般应用在正式的宴会中，不同的宴会有相对稳定的餐巾折花搭配和设计，是正式餐饮活动中最普遍使用的类型，也是餐巾折花中种类最多的一类，属于中式花型。其特点是折叠的技法复杂，程序较多，操作要有一定的技巧，服务也规范，造型别致，多种多样，成为服务艺术和优质服务的组成部分。

杯花需要插入杯中才能完成造型，出杯后花形即散；由于折叠过程中，对口布进行多次折、篡紧等，使用时平整性较差；又由于插杯过程中容易造成污染，所以目前杯花的使用日益减少。

2. 盘花

盘花一般在西餐和中餐零点餐厅中应用较多，也成为近年来餐巾折花的一个趋势。其特点是折叠简单，服务简单，操作方便，造型简洁明快，餐巾折痕较少，可以提前折叠好，便于储存，在摆台结尾阶段放入看盘中即可。造型完整，成型后不会自行散开，可放于盘中或其他盛器内。

盘花由于简洁大方，美观实用，呈发展趋势，逐渐取代杯花在中餐中的应用。

3. 环花

将餐巾平整卷好或折叠成造型，套在餐巾环内，称环花。它是盘花中比较特殊的一类，往往使用餐巾环。通常是创意餐台设计中必不可少的餐巾花型。餐巾环也称为餐巾扣，有瓷质的、银质的和塑料质、象牙质、金质、玉质等。此外餐巾环也可用色彩鲜明、对比感强的丝带或丝穗带代替，将餐巾卷成造型，中央系成蝴蝶结状，然后配以鲜花。

杯花一般需插入杯中以完成造型，取出杯子即散形；盘花造型完整，成形后不会自动散开，可放于盘中或其他盛器及台面上。目前，餐巾折花较多地趋向于盘花。它的特点是：造型快速便当、美观大方、技法简单，受到饭店的欢迎。环花通常放置在装饰盘或餐盘上，特点是简洁、雅致、出其不意。常常应用在大型宴会和重大的接待中，给人以别致的感受；特别是其餐巾扣的材质、造型、色彩、做工等，对于餐台环境的营造具有独特的功能。

第二节　餐巾折花的选择与摆放

一、餐巾折花的选择

餐巾花的选择，一般应根据餐厅或宴会的性质、规模、规格、季节、来宾的宗教信仰、风俗习惯等因素来考虑，以达到布置协调美观的效果。其选择的原则如下。

（1）根据宴会的性质选择花型的类别和总体造型特点。

如婚礼可用玫瑰花、并蒂莲、鸳鸯、喜鹊等；祝寿可选用仙鹤、寿桃等；圣诞节可选用圣诞靴和圣诞蜡烛等花型。

（2）根据宴会的规模选择花型。

大型宴会可选用简单、快捷、挺括、美丽的花型，且种类不宜过多，每桌可选主位花型和来宾花型两种。小型宴会可在同一桌上使用各种不同的花型，形成既多样又协调的布局。

（3）根据客人身份、宗教信仰、风俗习惯和爱好选择花型。

如果客人信仰佛教，宜选择植物类、实物类造型花，不用动物类造型花；如果是信仰伊斯兰教的，则应选择符合伊斯兰教通用的造型花。

美国人喜欢山茶花，忌讳蝙蝠图案；日本人喜爱樱花，忌讳荷花、梅花；法国人喜欢百合，讨厌仙鹤；英国人喜欢蔷薇、红玫瑰，忌讳大象，而且把孔雀看成是淫鸟、祸鸟。

（4）根据宾主的席位安排选择花型。

宴会主人座位上的餐巾花称为主花。主花要选择美观而醒目的花型，其目的是使宴会的主位更加突出，且主花应高于其他席位花。

（5）根据时令季节选择花型。

如春天可选用迎春、春芽等花型，夏天宜选用荷花、玉米花等花型，秋天宜选用枫叶、海棠、秋菊等花型，冬天则可选用冬笋、仙人掌、企鹅等花型。

（6）根据花式冷拼图案选择相匹配的花型。

如用荷花图案做冷盘的宴会，应配以花类的折花，营造"百花齐放"的氛围；以鱼翅为主的宴会，则可配以各种鱼虾造型的餐巾花。

（7）根据接待环境特点选择花型。

开阔高大的厅堂，宜用花、叶、形体高大一些的品种；小型包厢则宜选择小巧玲珑的品种。餐巾的色泽要和台面的色彩和席面的格调相协调。

（8）根据工作忙闲选择花型。

工作较闲、时间充裕，可折叠造型复杂的花型；顾客较多、时间紧，可折叠造型较简单的花型。

二、餐巾折花的注意事项与摆放

（一）餐巾折花的注意事项

（1）操作前要洗手消毒。

（2）在干净的托盘或台面上操作。

（3）注意操作卫生，操作时不允许用嘴叼、口咬。

（4）了解客人风俗习惯和生活忌讳，慎重选用花型。

（5）放花入杯时，要注意卫生，手指不允许接触杯口，杯身不允许留下指纹。

（二）餐巾折花的摆放

（1）插入杯中的餐巾花要恰当掌握深度。

插杯时，要保持花型完整不散形，杯内的餐巾也应线条清楚、整齐。插时要慢慢顺势插入，不能乱插乱塞或硬性塞入。插入后要将餐巾花整理成形，摆正摆稳，使之挺立。

（2）主花要摆在主位。

摆放餐巾花时，主花最高，要摆在主人的位置上，副主位为次高花，一般花则摆放在其他宾客的席位上，使整个台面上的花型高低均匀，错落有致。

（3）不同的花型在同桌摆放时，要将形状相似的花错开并对称摆放，一般不宜将形状相似的花型摆在一起。

（4）摆花时要将花型的观赏面朝向宾客席位。

适合正面观赏的餐巾花，如孔雀开屏、白鹤、和平鸽等，要将头部朝向客人；适合侧面观赏的餐巾花，如金鱼、三尾鸟等，要将头部朝向右侧，选择一个最佳观赏的角度摆放。

（5）摆放餐巾花时，要间距一致，摆放整齐，长台上的花要摆在一条直线上。

第三节　餐巾折花的基本技法

一、餐巾折花的基本叠法

餐巾折花有十种基本折叠方法，它概括了餐巾折花的一般折叠规律。熟悉这些折叠法的特点，对于掌握折叠的手工技巧和创造更多、更美的餐巾折花造型是十分必要的。

1. 正方折叠

餐巾的相对巾边平行，两次对折成正方形。即第一次对折成长方型，第二次对折成正方形（原餐巾的四分之一），这是一种使用较多的折花基本方法。

2. 长方折叠

长方折叠有两种方法：一是双层长方形，同正方形折叠的第一次叠法一样；二是多层窄长方形，以折叠层次的多少、距离的改变来满足不同造型的要求。

3. 长方翻角折叠

将餐巾对边相叠成长方形后，再将巾角翻上的一种折叠方法。巾角的翻折有单面翻角、双面翻角、交叉翻角等变化。通过变化折叠的层次、翻角的数量、角度的大小，来达到改变不同造型的目的。

4. 条形折叠

条形折叠就是将餐巾摆平，直接折裥或先对折后折裥使巾成为多层次的细长条形的一种折叠方法，条形折叠法有对边平行折裥和对角折裥两面折叠法。

5. 三角折法

将餐巾的相对角，对折成两层三角形，或再将三角形的底边对角折成四层三角形。在三角形的基础上，通过卷折、翻折角、插入等方法来改变折花造型。

6. 菱形折法

将餐巾相对角的两边，分别向角的中线对折二次，成菱形的折叠方法，通过变化折裥的数量，用以调节折叠余下两端的距离，或改变中间相叠部位的宽窄距离，就可以达到不同造型的目的。如不少鸟类和某些动物的造型，均采用此种折叠法。

7. 锯齿折叠

将餐巾按长方形的折法对折，但不要使两角重合，要四角错位，分别成为两个锯齿形，再把角对折即成双齿状。

8. 尖角折叠

将餐巾的一角固定，该角的两边分别向中间折叠或向中间卷折成尖角形，此种方法，适用于折叠一头大、一头小的物体造型。

9. 提取翻折

将餐巾摆平，用手指挡住餐巾的中心或四角或四边的中点直接提起，或是固定中心，转动四周巾边，再提取翻折即成，此法提取较简单，但要注意，提取时四角部位不能偏斜，翻折后的巾角要大小一致，否则会影响造型的美观。

10. 翻折角折叠

将餐巾的一角或数角通过翻折造型，或折裥后进行翻折，用翻、折、裥组合的一种叠法。折角组合的叠比较麻烦，几角同时折裥,在组合时,必须十分细心,不能乱了次序，否则无法成形。

二、餐巾折花的基本技法

餐巾折花的基本技法包括折叠、推折、卷、穿、翻、拉、捏等七种。

1. 折叠

（1）折叠就是将餐巾平行取中一折为二、二折为四或者折成三角形、长方形、正方形、菱形、多齿形、梯形等多种形状。

（2）其基本技法分为折和叠两个部分，辅之以压。

①折一般要求沿餐巾的一定线呈直线对折，以食指为中轴线及支点，拇指

折压餐巾的一半或一部分。

②叠是折的后续动作，是为了矫正折的对称和美观，在叠压之前从餐巾的折的边缘或角进行矫正。

③叠压是为了保持折的基本形状，用掌心由中间向两端或由一端向另一端压平餐巾。

（3）折叠的要求

①一般由折而叠，或一折一叠，要求对称，或按照形状的要求有规律地折叠。

②要熟悉基本造型，折叠前算好角度，一下折成，避免反复，以免餐巾上留下一条褶痕，影响餐巾美观。

③按压平整，保持形状，进行其他技法的操作。

④在折叠之前要分清餐巾的正反面，保证最终餐巾正面为花的观赏表面；也要分清是向上或向下折叠，方便后续技法的操作；还要分清是单面或双面折叠，防止折叠出错误的基本形状。

（4）折叠是餐巾折花的最基本技法，几乎所有折花都会运用到。同时往往也是其他技法的基础或补充。

2. 推或推折

（1）推折即折裥，将折叠好的餐巾推或推折成一裥一裥的形状。

（2）基本技法。

①在打折时，双手的拇指、食指捏住餐巾的一端的两边，或餐巾的中间的两边。

②两个大拇指相对成一线，指面向外，指侧面按紧餐巾向前推动餐巾至中指处，用食指捏住推折的裥，形成均匀的折裥（初学可以用食指或中指向后拉折，但是这样往往不容易保证折裥均匀）。

③应用食指将打好的裥挡住，中指腾出来，去控制好下一个裥的距离，三个指头互相配合，注意观察推折的效果。

④推折时，要在光滑的盘子或托盘中进行。

（3）基本要求。

①由推而折，辅以捏，要求均匀。

②根据不同的花型与后续技法，选择从一端开始，还是从中间开始推折。

③拇指和食指要捏住裥，中指控制间距，在转换到下一个技法时注意保持最终的推折形状。

④推折时，工作台面要干净光滑，否则推折时会发涩，影响效果，还会损坏餐巾。

（4）推折的类型。

①直线（向）推折或斜线（向）推折。直线（向）推折就是两端一致的推折；斜线（向）推折就是把餐巾折成一头大一头小的褶或折成半圆形或圆弧形。

②单向推折与双向推折。单向推折就是从餐巾的一端向另一端推折；双向推折就是从餐巾中间向两端推折，或从两端向中间推折。

③完整推折与部分推折。完整推折就是将所有的餐巾部分按照同一种要求推折完；部分推折就是只将餐巾推折一部分即可，它往往与卷结合使用。

（5）推折是不同于折叠的技法，往往在折叠的基础上，与卷、穿、翻、拉等技法结合，完成餐巾折花，更确切地说是一种中间技法。

3. 卷

（1）将餐巾卷成圆筒或实心卷，并制出各种花型的一种手法。卷的方法可以分为直卷和螺旋卷两种。

（2）基本技法。

①直卷：又称为平行卷，是将餐巾一端的两头一起卷起，形成实心卷或筒。直卷时，拇指和食指捏住餐巾头或角，由内向外翻转，食指抽出压住餐巾头，拇指再从餐巾头底部捏住餐巾头，依次往复卷至要求的地方即可，这个过程中，中指和无名指压住餐巾，不让其滑动。

②螺旋卷：又称为斜角卷，可先将餐巾折成三角形，餐巾边参差不齐；或将餐巾一头固定，只卷起另一头；或一头多卷，一头少卷，形成一头大一头小的实心卷或筒。螺旋卷的技法，基本同直卷，只是不同的端头用力和卷的幅度不同而已。

（3）基本要求：无论是直卷还是螺旋卷，餐巾都要卷紧、挺括，如卷得松就会在后面餐饮服务与管理折花中出现软折，弯曲变形，影响造型效果。螺旋卷要用拇指控制卷的速度和卷筒的粗细、卷的角度。

（4）实心卷与圆筒卷。

①实心卷的关键是要把餐巾卷紧，卷实，而且是卷的最常见类型。

②圆筒卷的关键是将餐巾的各端卷得均匀，呈圆筒状，不要出现不一致的现象。

（5）卷，往往与翻、折、捏、推折等配合，就可以折成餐巾花，是相对独立的技法。在个别花型中也与推折、折叠配合，作为中间技法使用。

4.穿

（1）穿是指用工具（一般用筷子）从餐巾的夹层褶缝中边穿边收,形成皱褶，使造型更加逼真美观的一种手法。

（2）基本技法：穿时左手握牢折好的餐巾；右手拿筷子，将筷子的一头穿进餐巾的夹层褶缝中，另一头顶在自己身上或桌子上，然后用右手的拇指和食指将筷子上的餐巾一点一点往里拉，直至把筷子穿过去。使用两根或两根以上的筷子穿时，注意后面穿的动作不要影响前面的花型，抽取筷子时应轻、慢、稳，以利于保持花形。

（3）基本要求：皱褶要求拉得均匀、平、直、细小；穿时注意左手攥住餐巾，不要散形；穿好后，要先将折花插进杯子，再把筷子抽掉，否则皱褶易松散。穿时用的筷子最好粗细适中、圆形、光滑、硬度强。

（4）穿的类型：①一根筷子穿；②两根筷子穿，一般先穿下面的筷子，再穿上面的筷子，两根筷子都穿好以后，才依次将筷子轻轻抽出。

（5）穿一般是在折叠或推折的基础上进行的，只在一些花型中使用。

5.翻

（1）翻就是将餐巾折卷后的部位翻成所需花样,将餐巾进行上下、前后、左右、里外翻折的一种技法。翻大都用于折花鸟。

（2）操作方法是：①翻的动作一般与拉、转动作相结合；②一手拿餐巾，一手将下垂的餐巾翻起一角，拉成花卉及鸟的头颈、翅膀、尾巴等，或翻转成一定的花型。

（3）基本要求：翻拉花卉的叶子时，要注意对称的叶子大小一致和均匀，距离相等，叶片交错，形象自然；翻拉鸟的翅膀、尾巴或头时，一定要拉挺，不要软折。

（4）翻的类型：①翻转向背面，即将已经初步折叠的餐巾翻转过来，再进行新的操作。②由内向外翻拉，如帆船等。③向上翻拉，如玉米的叶等。④向下翻拉。⑤左右翻拉，如风车的最后一步。

（5）翻和拉、转、捏等技法相配合，一般为整理性技法，起到修饰花型的作用。

6. 拉

（1）拉，常常与翻的动作相配合，是在翻折的过程中将餐巾花的某一部分由里向外拉伸使花型挺直的一种技法，大都用于折花、鸟。用手从基本折叠好的花模中拉出餐巾的一角或头，形成花的叶、花瓣，或鸟的翅膀、尾巴，或鱼的尾巴等。

（2）基本技法：一手握住所折的餐巾，一手翻折，拇指和中指捏住餐巾的一角或一端，从下往上，或从上往下，或从内向外拉出来即可。

（3）基本要求：在翻拉的过程中，两手必须配合好，否则会拉散餐巾；用力要均匀，左手拿握该松则松，该紧则紧；大小比例适当，造型挺括。

7. 捏

（1）捏的方法主要用于折鸟或其他动物的头部，它常常与压的动作相配合。

（2）基本技法：①操作时先将鸟的颈部拉好（鸟的颈部一般用餐巾的一角）；。②然后用一只手的大拇指、食指、中指三个指头，捏住鸟颈的顶端。③食指向下，将餐巾一角的顶端尖角向里压下，大拇指和中指做槽，将压下的角捏出尖嘴。

（3）基本要求：要用力，一次捏成。截取餐巾角或顶端时要适当，与动物的颈部比例和大小要合适。

（4）捏是制作某一类花型特有的技法，往往起到画龙点睛的作用，技法相对简单。

三、餐巾折花示例

（1）杯花折叠示例——单蕊花冠。

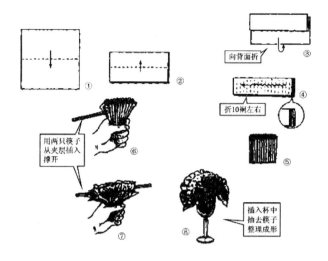

（2）盘花折叠示例——小兔蹦蹦。

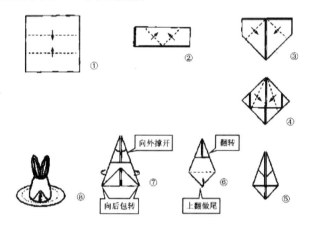

【实训 8】盘花折叠训练

|实训目标|

通过折花技能的训练，使学生了解折花的基本技法在餐巾折花中的重要性，熟练掌握叠、推、折、卷、穿、翻、拉、捏、掰等餐巾折花的基本技能。

通过技能训练，使学生了解餐巾的作用、餐巾花的种类、餐巾折花在餐厅服务中所起到的作用及其重要性，熟练掌握所学的十种盘花折叠方法及花型选择与摆放，并根据课上所学的技法与方法进行创新花型的设计。

|课前准备|

多媒体投影设备、有关盘花主题的相关 PPT、图片；录像设备，如手机、

录像机等；要求学生课前通过阅读书籍、网络搜索等途径学习口布折花的相关理论知识。

|实训准备|

8 张 10 人标准餐桌，每人 10 块餐巾，每人 1 个方底托盘或圆形的大尺寸托盘；能容纳 30~40 人进行技能训练的实训室。

将学生分成若干小组，每组 3 人，其中 1 人进行折花练习，1 人辅助进行物品的准备，另外 1 人参照技能考评标准进行评议，3 人交互角色进行后续训练。

|实训课时|

5 课时。

|任务与训练方法|

（1）教师根据图谱分步骤进行折叠示范，并讲解盘花的折叠要求。折叠好的盘花放于餐盘中或其他盛器及桌面上，不歪，不倒，不松散，造型完整美观。

（2）教师向学生讲解。

操作前双手要清洗消毒，在干净的托盘或餐盘内操作；操作时不允许用其他辅助物，不操作时不要玩弄餐巾布等物品；在训练时先练习花型的折叠方法，掌握后再练习折叠速度，切勿操之过急；摆放餐巾花时要摆正摆稳，使之挺立不倒。要注意将餐巾花的观赏面朝向客人；各组根据实际情况，要求学生学会十种不同造型的盘花。

（3）学生按照要求进行模仿练习和训练。

小组成员先自己根据相关图示单独进行盘花折叠的练习；小组内成员之间进行互查纠正，进一步明确各盘花折叠的过程；小组内派代表进行成果展示与交流；教师适时进行引导、指导、答疑；为提高学习兴趣，可自由组合分组进行餐巾折花比赛，评出折花能手；熟练掌握盘花折叠技法后，再进行折叠速度的训练；在 5 分钟内完成规定的十种不同造型的餐巾盘花。表 5-1。

|实训活动评价|

表5-1 盘花训练评价表

小组成员					
考评地点					
考核内容	盘花折叠技能				
考核标准	评价指标	分值/分	自我评价/分	小组评议/分	实际得分/分
	操作动作利索快捷，一次成型	20			
	折叠规范，符合卫生要求	10			
	花形挺拔逼真，造型美观	20			
	餐巾花摆放不歪、不倒、不松散	20			
	最佳观赏面朝向客人	10			
	操作完成后报出花名	10			
	5分钟内完成十种盘花折叠	10			
合计		100			

总得分＝自我评价分×40%＋小组评议分×60%；考评满分为100分。

【实训9】杯花折叠训练

|实训目标|

通过技能训练，学生能熟练掌握15种杯花折叠方法及花型选择与摆放，并根据所学技法能进行一定程度的创新。

|课前准备|

多媒体投影设备、与杯花折叠的相关PPT、短视频；录像设备，如手机等；要求学生课前通过阅读书籍、网络搜索等途径学习杯花折叠的相关理论知识。

|实训准备|

8张10人标准餐桌，每人10块餐巾，每人10个水杯；能容纳30~40人进行技能训练的实训室。

将学生分成若干小组，每组3人，其中1人进行折花练习，1人辅助进行物品的准备，另外1人参照技能考评标准进行评议，3人交互角色进行后续训练。

[实训课时]

5课时。

[任务与训练方法]

（1）教师根据图谱分步骤进行折叠示范，并讲解杯花的折叠要求。折叠好的杯花放入水杯或葡萄酒杯中，巾花挺拔，不松散，造型完整美观。

（2）学生按照要求模仿练习和训练。

小组成员先自己根据相关图示单独进行盘花折叠的练习；小组内成员之间进行互查纠正，进一步明确各杯花折叠的过程；小组内派代表进行成果展示与交流；教师适时进行引导、指导、答疑。

为提高学习兴趣，可自由组合，分组进行餐巾折花比赛，评出折花能手。

[实训活动评价]

见表5-2。

表5-2　杯花训练评价表

小组成员					
考评地点					
考核内容	杯花折叠技能				
考核标准	评价指标	分值/分	自我评价/分	小组评议/分	实际得分/分
	操作动作利索快捷，一次成型	10			
	手法规范，符合卫生要求	10			
	花形挺拔逼真，造型美观	20			
	餐巾花入杯深度适宜，线条清晰	10			
	餐巾花入杯时手指不触及杯口	10			
	最佳观赏面朝向客人	10			
	操作完成后分别报出每一种花名	10			
	操作时不用嘴叼咬	10			
	5分钟内完成十种杯花折叠	10			
合计		100			

总得分＝自我评价分×40%＋小组评议分×60%；考评满分为100分。

第六章　摆　台

摆台又称餐台设计、餐桌布置、铺台，是指为宾客就餐摆放餐桌，确定席位，并将就餐过程中所需要的餐具、用具及其他物品按一定的标准和要求摆设在餐桌上的过程。

摆台的具体内容有布置餐桌、安排席位、准备用具、铺台布、摆放餐具、美化席面等工作。

摆台是餐厅服务工作中一项技术性较高的技能，是宴会设计的重要内容，也是餐饮服务人员必须掌握的一门基本功。在承办酒席宴会时摆设一桌造型美观的台面，不仅为客人提供舒适的就餐席面和一套必需的就餐用具，而且能给客人以赏心悦目的艺术享受，给酒席增添喜庆气氛。

第一节　铺　台　布

一、铺台布的方法

铺台布是为了餐台台面美观、洁净。中餐圆台铺台布的常用方法有以下三种。

1. 推拉式

推拉式，即用双手将台布打开后放至餐台上，将台布两侧收拢后紧贴着餐台平行推出去，再拉回身体一侧。这种铺法多适用于零点餐厅和较小的餐厅，其优点是操作快速便捷。

2. 抖铺式

抖铺式，即用双手将台布打开，把台布两侧收拢后提拿在双手中，身体呈正位站立，利用双腕的力量将台布向前一次性抖开并平铺于餐台上。这种铺设方法适用于宽敞的餐厅或周围没人就座的情况。

3. 撒网式

撒网式，即用双手将台布打开，将台布两侧收拢后呈右脚在前、左脚在后的站立姿势，双手将打开的台布提拿至胸前，双臂与肩平行，上身向左转体，下肢不动并在右臂与身体回转时，台布斜着向前撒出去，将台布抛至前方时，上身转体回位并恢复至正位站立，这时台布应平铺于餐台上。抛撒时，动作应自然潇洒。这种铺设方法适用于宽大场地或技术比赛。

二、铺台的步骤

1. 中餐铺台布步骤

（1）操作程序与标准要求，见表6-1。

表6-1 中餐铺台布的操作程序与标准要求

程序	操作标准与要求
选台布	洗净双手，根据周围环境选用合适颜色和质地的台布 根据桌子形状和大小选择合适规格的台布
检查台布	认真仔细地对台布进行检查，如发现台布过旧、有破损和污迹等问题，要予以更换
围台裙	沿顺时针方向将台裙布用尼龙搭扣或按钉固定在餐桌上，台裙布的折褶要均匀平整
铺台布	抖台布：要求用力不要太大，动作要熟练、干净利落、一次到位 定位：要求台布正面向上，台布中心对正桌子中心位置，台布舒展平整，四角下垂，台布四角对正桌边 整平：整理台布使其平整无皱褶

（2）操作方法与要领。

中餐铺台布的方法主要有以下三种，其操作程序与要领见表6-2~4。

表 6-2　推拉式铺台布的操作要领

程序	操作要领
抖台布	正身站于主人位；双手将台布向餐位两侧打开
拢台布	双手拇指和食指捏住台布；双手将台布收拢于身前，身体朝前微弯
推台布	双手把台布沿桌面迅速用力推出；捏住台布边角不要松开
台布定位	台布下落时，缓慢把台布拉至桌子边沿靠近身体处；调整台布落定的位置

表 6-3　抖铺式铺台布的操作要领

程序	操作要领
抖台布	正身站于主人位；双手将台布从中线处打开抓好
拢台布	双手拇指和食指捏住台布；双手将台布收拢于身前，身体朝前微弯
铺台布	手腕用劲，将抓起的台布抛向主人位一侧，将台布一次抖开铺在台面上；捏住台布边角不要松开
台布定位	台布下落时，缓慢把台布拉至桌子边沿靠近身体处；调整台布落定的位置

表 6-4　撒网式铺台布的操作要领

程序	操作要领
抖台布	正身站于主人位；双手将台布向餐位两侧打开
拢台布	双手拇指和食指捏住台布；收拢于身前右臂微抬，呈左低右高式
撒台布	腰向左转或右转；手臂随腰部转动并向侧方挥动；双手除捏握台布边角的拇指和食指，其余四指松开
台布定位	台布下落时，拇指和食指捏住台布边角；调整台布落定的位置

2. 西餐铺台布

西餐铺台布的操作要领见表 6-5。

表 6-5　西餐铺台布的操作要领

台形	操作要领
"一"字形台	服务人员站在餐台长侧边；把台布横向打开；双手捏住台布一侧边，将台布送至餐桌另一侧； 把台布从餐台另一侧向身体一侧慢慢拉开；台布中凸缝要向上，四周下垂部分均等；铺好的台布平整、无皱褶和突起
较大的"一"字形台、"U"字形台或"T"字形台	几块台布拼铺在一起；拼铺时，两块或多块台布的凸缝方向一致；台布连接边沿要重叠；台布下垂部分要平行相等；铺好的台布平整、无皱褶和突起

西餐宴会一般选用长台，由 2~4 个服务员分别站在餐桌两侧，把第一块台布铺到位后再铺第二块。要求台布正面向上，中线相对，每边一致，台布两边压角部分做到均匀、整齐、美观。

铺台布时，台布不能接触地面；台布中间折纹的交叉点应正好在餐台的中心处，台布正面凸缝朝上，中心线直对正、副主人席位。台布四角呈直线下垂状，下垂部分距地面距离要相等，铺好的台布应平整无皱褶。铺好台布后，应将拉出的餐椅送回原位。

第二节　中餐零点摆台

一、摆台用具与准备

中餐便餐摆台多用于零点散客，或者是团体包桌，其餐台常使用小方台或者小圆桌，没有主次之分。客人在进餐前放好各种调味品，按照座位摆好餐具，餐具的多少，可以根据当餐的菜单要求而定。

由于零点餐厅布局相对固定，无须每餐变化，且就餐者无主客之分，所以只需根据餐别准备物品，进行桌面摆放即可。

1. 中餐早餐摆台

中餐零点早餐的摆台程序基本与中餐宴会相同，只是所用的餐具比宴会少一些而已。

骨碟摆放在座位正中，距桌边 1.5 厘米；汤碗摆放在骨碟的左侧，距骨碟边缘 1 厘米处；汤勺摆在汤碗里面，勺柄朝左；筷架放在骨碟的右侧，与汤碗横向中心为一条线，筷子放于筷架上，图案文字正面朝上且对正，筷尾末端距桌边 1.5 厘米，汤碗中心、餐碟中心、筷架在一条线上。

便餐摆台基本要求如图 6-1 所示：

①台布铺设要整洁美观，符合餐厅的要求。

②餐碟摆放于座位正中，距离桌边 1.5 厘米左右。

③汤碗与小汤匙应该一起摆在餐盘正上方 1 厘米左右的地方。

④筷子应该位于餐碟的右侧，距离桌边一指宽。

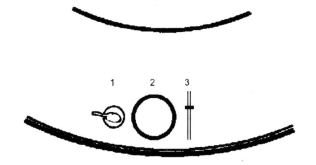

1. 汤碗及汤勺　2. 餐碟　3. 筷子及筷架

图 6-1　中餐便餐摆台

中餐摆台常见的餐具有：

餐碟：又称为骨盘，主要用途是盛装餐后的骨头和碎屑等，在中式餐台摆台时也起到定位作用。

筷子：以材质分类，有木筷、银筷、象牙筷等。

筷架：用来放置筷子，可以有效提高就餐规格，保证筷子更加清洁卫生。有瓷制、金属等各种材质，造型各异。

汤匙：一般瓷制小汤匙（调羹）放在汤碗中，而金属长把汤匙或者是大瓷汤匙一般用做宴会的公用勺，摆放在桌面的架上。

汤碗：专门用来盛汤或者吃带汤汁菜肴的小碗。

味碟：中餐特有的餐具，用来为客人个人盛装调味汁的小瓷碟。

杯子：包括瓷质、玻璃质的茶杯和酒杯等。

转台：适用于多数人就餐的零点餐或者是宴会的桌面，方便客人食用菜品，一般有玻璃或木质。

其他：根据不同餐饮企业的要求，桌面上可能还会添加其他东西，如：调味瓶、牙签盅、花瓶、台号、菜单等。

中餐早餐摆台的操作标准与要求见表 6-6：

表 6-6　中餐早餐摆台的操作标准与要求

程序	操作标准与要求
铺台布	按中餐铺台布的方法铺好台布
放转盘	把转盘放在转轴上，转轴处于桌子正中心，用手测试一下转轴转动是否正常（要求转盘居中摆放），注意检查转盘旋转是否灵活
骨碟定位	骨碟摆在席位正中，距桌边 1.5 厘米
摆放汤碗和汤勺	汤碗摆在骨碟左侧 1 厘米处，中心线在一条直线上，汤勺置于汤碗中，勺把向左
摆放筷架和筷子	筷架摆在骨碟右侧，筷架在筷子上部 1/3 处，筷子放在筷架上，距骨碟 1 厘米，筷尾距桌边 1.5 厘米
摆放茶碟和茶杯	茶碟摆在筷子右侧 1 厘米处，下沿距桌边 1.5 厘米，茶杯放在茶碟内，杯耳朝右与筷架平行
摆放公用餐具	将花瓶放在餐桌中心，台号摆在花瓶前，正朝餐厅大门；牙签筒放在花瓶的左侧
摆放餐巾花	将折叠好的盘花置于骨碟内

2. 中餐午、晚餐摆台

午、晚餐的餐具摆放与早餐基本相同，只增加一个水杯。水杯内放入餐巾花或者纸巾，摆在骨碟的正前方，距汤碗顶端平行相切 1 厘米处；烟灰缸摆放在主人席位的右侧，每隔两个座位摆放一个烟灰缸，夹烟孔呈正品字形分别朝向客人，火柴平架在烟灰缸上端，店徽向上，其他餐酒用具等客人入座后，根据客人的需要随时增加，见表 6-7。

表6-7　中餐午、晚餐摆台的操作标准与要求

程序	操作标准与要求
铺台布	按中餐铺台布的方法铺好台布
放转盘	把转盘放在转轴上，转轴处于桌子正中心，用手测试一下转轴转动是否正常（要求转盘居中摆放），注意检查转盘旋转是否灵活
骨碟定位	骨碟摆在席位正中，距桌边1.5厘米
摆放汤碗和汤勺	汤碗摆在骨碟左侧1厘米处，中心线在一条直线上，汤勺置于汤碗中，勺把向左
摆放筷架和筷子	筷架摆在骨碟右侧，筷架在筷子上部1/3处，筷子放在筷架上，距骨碟1厘米，筷尾距桌边1.5厘米
摆放水杯	水杯摆在骨碟正前方3厘米处
摆放茶碟和茶杯	茶碟摆在筷子右侧1厘米处，下沿距桌边1.5厘米，茶杯放在茶碟内，杯耳朝右与筷架平行
摆放公用餐具	将花瓶放在餐桌中心，台号摆在花瓶前，正朝餐厅大门；牙签筒放在花瓶的左侧
摆放餐巾花	将折叠好的盘花置于骨碟内，或将折叠好的杯花置于水杯内

二、桌椅摆放

（1）4人桌，正、副主位方向各摆两位。

（2）10人桌，正、副主位方向各摆3位，两边各摆2位。8人以上桌面须摆转盘，并套上转盘布罩，转盘与餐桌同圆心。

三、餐具摆放

（1）摆餐碟、汤碗、汤匙。餐碟摆在离桌边1.5厘米处，各餐碟之间距离相等，汤碗摆在餐碟前面的左侧，相距1厘米，汤匙摆在汤碗上，匙柄向左。

（2）酱油碟摆在餐碟前面的右侧，分别与餐碟和汤碗相距1.5厘米。

（3）水杯摆在汤碗正前方。

（4）摆烟灰缸。配上垫，在正、副主位的右前方各摆一个。

（5）摆毛巾碟。摆在餐碟左侧，距餐碟1厘米，与桌沿距离1.5厘米。

（6）摆放转盘上的物品：

①在正副主位前方的转盘上各摆两个小菜碟座，距转盘边缘1.5厘米。

②花盆摆在转盘中央，台号牌摆在花盆或花瓶边，方向朝副主位。

第三节　中餐宴会摆台

一、中餐宴会的场地布置

宴会的接待规格较高，形式较为隆重，中餐的宴会多使用大圆桌，由于宴会的人数较多，所以就存在场地的布置问题，应该根据餐厅的形状和大小以及赴宴的人数多少安排场地，桌与桌之间的距离以方便服务人员服务为宜。主桌应该位于面向餐厅正门的位置，可以纵观整个餐厅或者宴会厅。一定要将主宾入席和退席的线路设为主行道，应该比其他的通道宽一些。不同桌数的布局方法有所区别，但一定要做到台布铺置一条线，桌腿一条线，花瓶一条线，主桌突出，各桌相互照应。宴会的场地布置如图6-2所示。

国际惯例，桌次的高低以离主桌位置远近而定，同时要注意以下四点：

其一，居中为上。即各桌围绕在一起时，居于正中央的那张餐桌应为主桌。

其二，以右为上。即面朝正门，主桌右边的桌次高于主桌左边的桌次。

其三，以远为上。即距离宴会厅正门远的桌次高于距正门近的桌次。

其四，临近为上。即临近舞台的桌次高于距离舞台远的桌次。

安排桌次时，所用餐桌的大小、形状要基本一致。除主桌可以略大外，其他餐桌都不要过大或过小，各张宴会桌之间的距离要适当，各个座位之间距离也要相等，既要突出主桌，又要布局合理。宴会布局合理就是指桌席摆放不但要方便宾主和服务员进出、走动和敬酒，而且要让各个角度的来宾都能看到宴会致辞和舞台演出。

排列每张桌子上的具体位次时，也有四个礼仪惯例，它们往往同时发挥作用。

其一，面门为主。指在每张餐桌上，以面对宴会厅正门的居中位置为主位，主位右侧为主宾位。如果主宾身份高于主人，为表示尊重，可以安排主宾坐在主位，而请主人坐在主宾位。如宴会桌是长方形的，主位可安排在长桌一端，

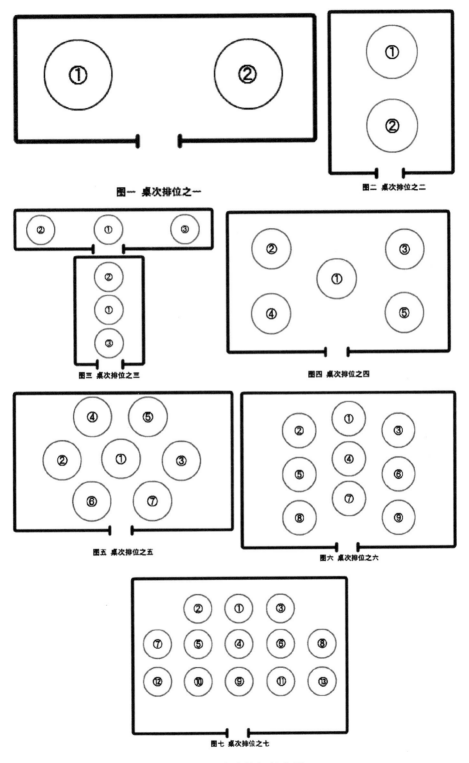

图一 桌次排位之一

图二 桌次排位之二

图三 桌次排位之三

图四 桌次排位之四

图五 桌次排位之五

图六 桌次排位之六

图七 桌次排位之七

图 6-2 宴会的场地布置

副主位在长桌另一端；也可将主位安排在长方桌面向大门的正中，副主位在主位对面。

其二，右高左低。指在每张餐桌上，除主位之外，其余座位位次的高低应以该桌主人为坐标。

其三，近高远低。指在每张餐桌上，距离该桌主人近的位次高，远的位次低。

其四，各桌同向。指在举行大型宴会时，其他各桌的主位均应与主桌主位保持同一方向，为了确保宴请时赴宴者能及时、准确地找到自己所在的桌次，可以在请柬上注明，或在宴会厅入口处悬挂宴会桌次排列示意图，安排接待员引导来宾就座，或者在每张餐桌上摆放桌次牌（用阿拉伯数字书写）。同时，每张宴会桌上还要放置醒目的个人姓名座位卡。举行涉外宴请时，座位卡应以中、英文两种文字书写。中国的惯例是中文在上，英文在下。若有必要，座位卡的两面都书写用餐者的姓名，字迹要清楚。另外，每张餐桌上所安排的用餐人数应限在 10 人以内，最好是双数，如 6 人、8 人、10 人。人数如果过多，既不容易照顾周到，也有可能坐不下。

安排席位还要适当考虑某些特殊情况：

A. 身份相同、专业相同的宾客可以排在一起；也可将年龄相同者排在一起。

B. 意见分歧者，有时为方便其相互沟通、改善关系，也可安排他们面对面坐。

C. 有女宾时，中国习惯把女方排在一起，即主宾坐男主人右侧，主宾夫人坐女主人右侧。如果按照国际惯例，一般不安排夫妇坐在一起，而是将主宾排在女主人右侧，主宾夫人排在男主人右侧。

D. 若主宾带夫人前来，而主人的夫人却不能出席，通常可请其他身份相当的女士做第二主人，或把主宾夫妇安排在主人的左右两侧。

E. 译员一般安排在主宾右侧。宴会桌为长方形时，译员也可以考虑安排在主宾对面，便于交谈。

虽然宴会的种类不同，但宴会座次的安排标准基本是一致的。宴会上的气氛是否热烈、融洽，很大程度上与席位安排有关，因此主办方在安排宾客席位时，要考虑多方面的因素。

二、宴会席位安排

在中餐宴会上，席次具体是指同一张餐桌上席位的高低。中餐宴会上席次安排的具体规则有四：其一，面门为主；其二，主宾居右；其三，好事成双；其四，各桌同向。中餐宴会座次安排如图 6-3 所示。

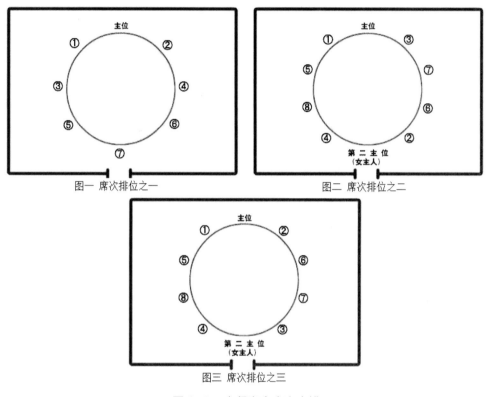

图一　席次排位之一

图二　席次排位之二

图三　席次排位之三

图 6-3　中餐宴会座次安排

中餐宴会通常都有主人、副主人、主宾、副主宾及其他陪同人员，各自都有固定的座次安排。背对着餐厅重点装饰面、面向门口的是上位，主人在此入座，副主人坐在主人对面，主宾从于主人右侧，副主宾坐于副主人右侧。主人与主宾双方携带夫人入席的，主宾夫人坐在主人位置的左侧，主人夫人坐在主宾夫人的左侧。其他位次不变。当客人在餐厅举行高规格的中餐宴会时，餐厅员工要协助客方承办人按位次大小排好座次，或将来宾姓名按位次高低绘制在平面图上，张贴到餐厅入口处，以便引导宾客入席就座。

正式宴会开始前的准备工作之一，就是要安排席位。每个席位上放置好席位卡，大型宴会桌次多，每个餐桌上要放桌次卡。这样既方便宾主入座、服务员上菜，也有利于宴会的统一管理。宾客入场时，宴会厅门口的领台员要热情上前引导入座。宴会排座的具体要求如下：

（1）安排宴会座次，要根据国内外不同的习惯。按中国习惯，通常情况是面朝入口处的座位为主人座位；主人对面是副主人位置；主人的右边为主宾，左边为第二副主宾；副主人位置的右边为第一副主宾；其余按先右后左顺序依次类推。

（2）按照国外的习惯，座次安排通常是主宾在主人右边；主宾夫人在主人的左边，男女应穿插安排。在具体安排席位时，还要考虑其他一些因素，如客人之间的关系是否融洽、客人身份大小是否相当、语言沟通是否有障碍等，都要根据当时的情况灵活处理。

三、中餐宴会摆台程序与操作标准

摆台是把各种餐具按要求摆放在餐桌上，它是餐厅配餐工作中的重要一项内容，是一门技术。摆的质量直接影响服务质量和餐厅的面貌。台面设计既要使用方便又要美观、有情调，将各种餐饮器具以艺术形式陈列和布置，通过选择台布、桌旗、餐巾折花等暗含的寓意、色调的搭配、文化元素等，充分表达主题，起到烘托宴会气氛、增强宾客食欲及视觉观感的作用！表6-8。

表6-8　中餐宴会摆台操作程序与要求

程序	操作标准与要求
铺台布	一次到位，台布十字折线居中，不偏斜；台布凸缝朝上，对准正副主人餐位；台布四角下垂均匀，一般以20~30厘米为宜；台布下垂四角与桌腿平行，与地面垂直
摆放转盘	检查转盘摆放位置是否居中，转盘旋转是否灵活

续表6-8

程序	操作标准与要求
摆餐具	必须使用托盘操作；摆放餐具时注意卫生标准要求。餐碟定位：从主人位开始，按顺时针方向依次摆放，要求轻放，拿餐碟边缘，间距均等，离桌边1.5厘米，标识应对正客人餐位。摆放汤碗、调羹及味碟：汤碗放在餐碟的正上方，相距1厘米；调羹放在汤碗里，勺把向左；味碟摆在餐碟右上方，相距1厘米，汤碗与味碟相距1厘米。摆放筷架、筷子：筷架摆放在味碟的右侧，长柄勺距餐碟右侧边缘3厘米，筷子摆放在筷架上，筷架在筷子上部1/3处，图案向上，筷子尾端距离桌边1.5厘米
摆放酒杯	红酒杯摆在餐碟正前方2厘米处；白酒杯摆放在红酒杯右侧，两杯肚相距1厘米；水杯中插入叠好的餐巾花，放在红酒杯的左侧，两杯肚相距1厘米；三杯横向，内心成一直线，内心斜向右下方或30°
口布折花	中餐宴会一般以摆设杯花为主，也可摆放盘花，要求做到简洁明快，整齐划一，搭配合理
摆放公用餐具	摆放公共餐具：在正副主人餐位餐具正上方摆放两套公用餐具，公用筷在上、公用勺在下，筷尾、勺尾向右，勺和筷子中心点在台布中线上。摆餐单：菜单摆在正副主人餐具的右侧，底边距离桌边1.5厘米，或将菜单立放在餐位的正上方。放桌花：在餐台中央摆放花瓶或插花，花的摆放高度不超过客人落座后眼睛的高度，以免影响客人的视线
拉椅让座	从主宾开始，将餐椅拉成圆形，椅子之间距离相等，椅子与台布相距1厘米

摆台后要检查台面摆设有无遗漏，摆放是否规范，符合要求，如是多桌宴会，所有用具、台布、围裙、椅子等规格和颜色均应一致，要保持整体的协调。

四、中餐宴会餐具摆放

餐具的摆放其实是非常重要的一件事，它直接关系到用餐的全过程，尤其是在宴请活动中，更要注意摆台的礼仪，不能有半点马虎。餐具摆放要相对集中，各种餐、酒具要配套齐全，距离相等，图案、花纹要对正，整齐划一，符合规范标准，做到既清洁卫生，又有艺术性，并方便宾客使用。图6-4。

左手托盘，右手摆放餐具，从主位开始摆起。个人席位上摆放餐具的宽度不应窄于40厘米或者餐椅宽度。在摆放餐具时如果宴会人数众多，餐具较多，

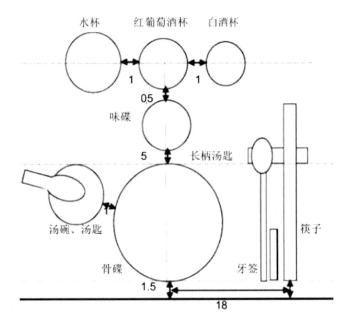

水杯　红葡萄酒杯　白酒杯

味碟

长柄汤匙

汤碗、汤匙

骨碟

牙签

筷子

图 6-4　中餐宴会摆台餐具摆放

（注：图中数字表示餐具间距离，单位为厘米）

也可以采用多人流水作业的方式摆放餐具，一个人摆一种，依次摆放。

在摆放餐具时还应注意一些小问题：调羹应该放入汤碗或者调味碟内；消毒的筷子应该用筷套封装；桌面上使用的花瓶或者台花，其高度应该以不阻挡视线为准；主位的口布花应该比其他座位上的口布略微高一点；每个餐桌的餐具应该多备出 20%，以备使用。

应以餐台上的台布中线为标准定位，然后对准中线摆放餐碟。先在中线两端各放一只，再在中线两侧均匀地各放四只餐碟。餐碟右边摆放筷架与筷子（筷子应放入筷套），餐碟下沿与筷子一端成一直线，距离桌边约 1 厘米宽；餐碟上方摆放水杯、红酒杯、白酒杯；餐碟上方和左上方放置调味碟、调羹、汤碗。公筷与公勺 6 人以下放 2 套，6 人以上放 4 套。餐桌上还应该放置适量调料瓶或者烟缸、牙签盅等。折花的口布在每个客人的水杯内应该插一朵。按宴会举办单位需要，在每一席位上放上姓名卡。菜单摆在正副主人餐具的右侧，10 人桌一般放两张。

摆桌在选配餐具器皿时，一定要选择花色成套且完整的。所有瓷器或玻璃器皿，使用前要仔细检视，凡有破损的应即剔除，即使是些微裂痕或缺口，都不能摆上桌，以免引起客人的不满。脏污的餐具器皿，绝对禁止使用。有破损或污渍的台布及餐布，均不得使用。餐具是随着客人的需要用托盘提供；而便餐摆桌是不设酒杯的，亦随客人的需要提供。摆桌时先分类检齐餐具，依摆桌顺序放在托盘或手推车内，运至餐桌前摆置，盘、碗、碟等瓷器，在托盘中，不宜堆置过高，以免倾倒翻覆。餐桌装饰的目的在于美化点缀，应一致地摆置在餐桌一角，色彩务求协调，否则就不必摆设，以免妨碍客人进餐。餐桌餐具摆放完毕，务必做一次检视，看是否正确完美，同时将每一座椅摆放整齐；营业前或开席前20分钟，领班应做一次复检工作，凡有缺点，立即纠正改善。

五、中餐宴会餐桌礼仪

（一）入座礼仪

先请主宾入座上席，再请长辈入座主宾旁边，依次入座。如果带孩子，在自己坐定以后就把小孩安排在自己旁边。入座时，要从椅子左边进入，坐下以后要坐端正，不要低头，使餐桌与身体距离保持在10~20厘米。入座后不要马上动筷，更别弄出什么声响，也不要起身走动，如果有什么事情，要向主人打个招呼。

（二）重视餐桌忌讳

进餐时不要打嗝，也不要出现其他声音，如果出现打喷嚏、肠鸣等不由自主的声响时，就要说一声真不好意思、对不起、请原谅之类的话，以示歉意。

如果要给客人或长辈夹菜，最好用公用筷子，也可以把离客人或长辈远的菜肴送到他们跟前。按我们中华民族的习惯，菜是一个一个往上端的，如果同桌有领导、老人、客人的话，每当上来一个新菜时，就请他们先动筷子，或者轮流请他们先动筷子，以表示对他们的尊敬和重视。

吃到鱼头、鱼刺、骨头等物时，不要往外面吐，也不要往地上扔，要慢慢用手放到自己的骨碟里，或放在紧靠自己的餐桌边，或放在事先准备好的纸上。

（三）符合进餐礼仪

进餐时，先请客人、长者动筷子，夹菜时每次少一些，离自己远的菜就少吃一些，吃饭时不要发出声音，喝汤时也不要发出声响，最好用汤匙一小口一小口地喝，不宜把碗端到嘴边喝，汤太热时凉了以后再喝，不要一边吹一边喝。有的人吃饭时喜欢用劲咀嚼食物，特别是使劲咀嚼脆食物，发出很清晰的声音来，这种做法是不合礼仪要求的，特别是和众人一起进餐时，就要尽量防止出现这种现象。有的人喝汤时，也用嘴使劲吹，弄出嗦喽嗦喽的声音来，这也是不符合礼仪要求的。

（四）吃相优雅

要适时地抽空和左右的人聊几句幽默的话，以调节气氛。不要光低着头吃饭，不管别人，也不要狼吞虎咽地大吃一顿，更不要贪杯。最好不要在餐桌上剔牙，如果要剔牙，就要用餐巾挡住自己的嘴巴。

要明确此次进餐的主要任务。现在商海如潮涌，很多生意都是在餐桌上谈成的，所以要明确以谈生意为主，还是以联络感情为主，或是以吃饭为主。如果是前者，在安排座位时就要注意，把主要谈判人的座位安排相互靠近一点，便于交谈或交流情感；如果是后者，只需要注意一下常识性的礼节就行了，把重点放在欣赏菜肴上。

总之，和客人、长辈等众人一起进餐时，要使他们感到轻松、愉快、气氛和谐。中国古代就有站有站相，坐有坐相，吃有吃相，睡有睡相的说法。这里说的进餐礼仪就是指吃相，要使吃相优雅，既符合礼仪的要求，也有利于中国饮食文化的继承和发展。

（五）注重分配座位

在中国的饮食礼仪中，坐在哪里非常重要，在有些地方，主座一定是买单的人，主座是指距离门口最远的正中央位置，主座的对面坐的是邀请人的助理，主宾和副主宾分别坐在邀请人的右侧和左侧，位居第三位、第四位的客人分别坐在助理的右侧和左侧。让邀请人和客人面对面坐，或让客人坐在主桌上都算失礼，中国的文化是不让客人感到紧张。

（六）注意设宴原因

中国人向来"以食为先"，饮食除了满足人的根本需求，亦是秉承传统习俗。设宴的原因可以是庆贺，也可以是哀思。每逢农历新年、结婚、传统节日如中秋节等，中国人便会一家老小聚首饭桌前共贺佳节；但另一方面，假设有人离世，丧家会在葬礼完成后设解慰酒，宴请出席葬礼的亲戚朋友，向他们表示谢意。

第四节　西餐摆台

一、西餐摆台用具与准备

（一）西餐餐台

西餐餐台通常用的是方桌或长桌。宴会使用的餐桌可由方桌、长方桌、半圆桌拼接而成。餐台拼接的大小、形状可根据宴会的人数、宴会厅的形状、面积、服务方式、客人的要求等因素来确定。

西餐台形设计有多种形式，而且每个台形的大小、形状也各不相同，常见的有"一"字形、马蹄形（U字形）、"口"字形、"T"字形、"E"字形等。

一般情况下，1~2人适宜选用正方形餐台，3~8人适宜选用长方形餐台，9~10人适宜选用"一"字形餐台，10人以上可以根据客人的就餐规格、形式、要求及具体人数选择适宜的、不同形式的餐台。总的要求是：左右对称，出入方便。

（二）西餐摆台种类

1. 西餐便餐摆台

西餐便餐一般使用小方台和小圆台，餐具摆放比较简单。

摆放顺序是：餐盘放在正中，对准椅位中线（圆台是顺时针方向按人数等距定位摆盘）；口布折花放在餐盘内；餐叉放在餐盘的左边，叉尖向上；餐刀和汤匙放在餐盘上方；面包盘放在餐叉上方或左边，黄油刀横放在餐盘右方，刀口向内；水杯放在餐刀尖的上方，酒杯靠水杯右侧呈直线、三角形或者是弧形；

图6-5　西餐便餐摆台的一般方法（双人位）

图6-6　便餐早餐摆台

烟灰缸放在餐盘上方，胡椒瓶和盐瓶放置于烟灰缸左侧，牙签盅放在椒盐瓶左侧；花瓶放在烟灰缸的上方；糖缸和奶缸呈直线放在烟灰缸的右边。西餐便餐摆台如图6-5所示。

西餐便餐中早餐摆台相对简单，摆台时在座位正前方距桌边2厘米处摆放垫纸或垫布，餐盘摆在垫纸或垫布上方，盘内摆放折好的餐巾。餐盘的左侧摆放主餐叉，叉尖朝上，餐盘的右侧摆放主餐刀，刀刃朝盘，刀柄距餐盘1.5厘米，主餐刀的右侧摆放汤匙。叉底、餐盘边沿、刀底、匙底在一直线上并相距0.5厘米。餐盘正前方1.5厘米处横放甜品叉和甜品勺；叉在下，叉把朝左摆放；勺在上，勺把朝右摆放。餐盘左侧4厘米处摆放面包盘，盘上靠右侧1/3处摆放面包刀。主餐刀正上方3厘米处摆放水杯。烟灰缸和调味品摆放在甜品叉和甜品勺的前方。图6-6。

西餐便餐中午餐及晚餐摆台相对复杂，摆台规则类似于西餐宴会摆台，需要用到的餐具有展示盘、头盘刀、头盘叉、主菜刀、主菜叉、鱼刀、鱼叉、汤匙、面包盘、黄油刀、黄油碟、甜品叉、甜品匙等。

需要准备的酒具有水杯、红葡萄酒杯、白葡萄酒杯等，此外还需要准备花瓶、烟灰缸、火柴、椒盐盅、烛台、牙签筒、台布、餐巾等。

2. 西餐宴会摆台

西餐宴会摆台首先要确定席位，如是圆桌，席位与中餐宴会席位相同；如是长台，餐台一侧居中位置为主人位，另一侧居中位置为女主人或副主人位，主人右侧为主宾，左侧为第三主宾，副主人右侧为第二主宾，左侧为第四主宾，其余宾客交错类推。根据菜单要求准备餐具，餐具齐全、配套分明、整齐统一、美观实用。

西餐餐具摆放按照餐盘正中，左叉右刀，刀尖朝上，刀刃朝盘，先里后外的顺序摆放。

（1）餐具与酒具的摆放

装饰盘的摆放：可用托盘端托，也可用左手垫好口布，口布垫在餐盘盘底，把装饰盘托起，从主人位开始，按顺时针方向用右手将餐盘摆放于餐位正前方，盘内的店徽图案要端正，盘与盘之间距离相等，盘边距桌边1厘米。

口布的摆放：将餐巾折花放于装饰盘内，将观赏面朝向客人。

面包盘、黄油碟的摆放：装饰盘左侧10厘米处摆面包盘，面包盘与装饰盘的中心轴取齐，黄油盘摆放在面包盘右上方，相距3厘米处。

餐具的摆放：装饰盘左侧按从左至右的顺序依次摆放沙拉叉、鱼叉、主餐叉，各相距0.5厘米，手柄距桌边1厘米，叉尖朝上。鱼叉距桌边5厘米；装饰盘的右侧按从左到右的顺序依次摆放主餐刀、鱼刀，刀刃向左，刀柄距桌边1厘米。鱼刀距桌边5厘米；鱼刀右侧0.5厘米处摆放汤匙，勺面向上，汤匙右侧0.5厘米处摆放沙拉刀，刀刃向左；甜品叉、甜品勺平行摆放在装饰盘的正前方1厘米处，叉在下，叉柄向左，勺在上，勺柄朝右，甜品叉、甜品勺手柄相距1厘米；e.黄油刀摆放面包盘上右1/3处，黄油刀中心与面包盘的中心线吻合。

酒具的摆放：水杯摆放在主餐刀正前方3厘米处，杯底中心在主餐刀的中心线上，杯底距主餐刀尖2厘米，红葡萄酒杯摆在水杯的右下方，杯底中心与水杯杯底中心的连线与餐台边成45°，杯壁间距1厘米，白葡萄酒杯摆在红葡萄酒杯的右下方，其他标准同上。摆酒具时要拿酒具的杯托或杯底部。

（2）蜡烛台和椒盐瓶的摆放：西餐宴会如是长台一般摆两个蜡烛台，蜡烛台摆在台布的鼓缝线、餐台两端适当的位置上，调味品（左椒右盐）、牙签筒，按四人一套的标准摆放在餐台鼓缝线位置上，并等距离摆放数个花瓶，鲜花不要高过客人眼睛位置。如是圆台，台心位置摆放蜡烛台，椒盐瓶摆在台布凸缝线上按左椒右盐的要求对称摆放，瓶壁相距0.5厘米，瓶底与蜡烛台台底相距2厘米。

（3）烟灰缸、火柴的摆放：从主人位和主宾位之间摆放烟灰缸，顺时针方向每两位客人之间摆放一个，烟灰缸的上端与酒具平行。火柴平架在烟灰缸上端，店标向上。

二、餐具的摆放与使用

（一）西餐常见餐具

西餐餐桌摆放用品主要有：

台布：颜色以白色为主。

餐盘：一般餐厅设计为12寸左右，可以作为摆台的基本定位。

餐刀：大餐刀（Dinner Knife），正餐使用。小餐刀（Small Knife），享用前菜和沙拉时用。鱼刀（Fish Knife），享用海鲜或者鱼类时使用。牛排刀（Steak Knife），前端有小锯齿，享用牛排时使用。

餐叉：大餐叉（Dinner Fork），正餐时使用。小餐叉（Small Fork），享用前菜或者沙拉时使用。鱼叉（Fish Fork），享用鱼类或海鲜时使用。水果叉（Fruit Fork），享用水果时使用。蛋糕叉（Cake Fork），享用蛋糕时使用。生蚝叉（Oyster Fork），使用牡蛎时使用。

黄油刀（Butter Knife）：用来将黄油涂抹在面包上的重要工具，常会与面包盘搭配摆设。

面包盘（B.B.Plate）：用来摆放面包的，个体较小，一般大约6寸。

汤匙（Soup Spoon）：浓汤匙（Thick Soup Spoon），喝浓汤时使用。清汤匙（Clear Soup Spoon），喝清汤时使用。甜品匙（Dessert Spoon），使用点心和甜品时使用。餐匙（TableSpoon），不分清汤和浓汤时使用。

水杯（Water Goblet）：用来盛用饮用水。

葡萄酒杯（Wine Glass）：分为红酒和白酒杯，一般红酒杯略大于白酒杯。

（二）西餐餐具摆放顺序

1. 底盘

底盘不直接盛放食物，其功能是装饰品和托盘的结合。底盘放在就餐者的正前方，服务员上菜时把饭菜及盛菜的盘子放在底盘上。

2. 餐叉与餐刀餐叉放在底盘的左边，餐刀放在底盘的右边，刀刃朝向底盘，在餐刀的右边放餐勺。

3. 餐巾

餐巾既可以放在底盘上，也可以放在餐叉的左边。

4. 杯子

杯子的位置在餐刀的前方，杯子中最大的是装水用的高脚杯，其次是红葡萄酒所用的，而略低的玻璃杯是白葡萄酒所用。

5. 面包碟及黄油刀

面包碟及黄油刀放在餐盘的前方或左边。其中，黄油刀跨放在面包碟上。

（三）西餐餐具摆放方法

左手托盘，右手摆放餐具，摆放的顺序是：按照顺时针的方向，按照人数等距定位摆盘，将餐巾放在餐盘中或者是将折花插在水杯中。面包、黄油盘放在叉尖左上方，黄油刀刀口朝向餐盘内竖放在餐盘上，在餐盘的左侧放餐叉，餐盘的右侧放置餐刀，在餐刀右边放汤匙，点心刀叉放在餐盘的上方，酒杯、水杯共三只摆放在餐刀上方。酒杯的摆放方法多种多样，可以摆成直线形、斜线形、三角形或者圆弧形，先用的放在外侧，后用的放在内侧；甜品叉的左上

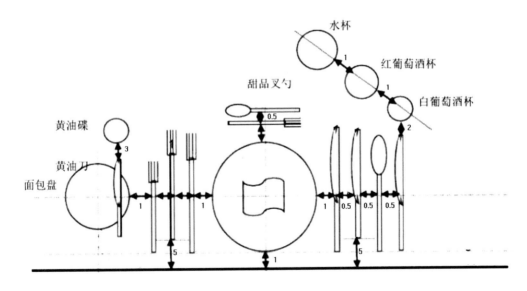

图 6-7 西餐宴会餐具摆设

（注：图中数字表示餐具间距离，单位为厘米）

方放盐、胡椒瓶，右上方放烟灰缸。注意西餐的餐具按照宴会菜单摆放，每道菜应该换一副刀叉，放置时要根据上菜的顺序从外侧到内侧，一般不超过七件（即三叉、三刀、一匙），如果精美的宴席有多道菜，则在上新菜前追加刀叉。摆放餐具后应该仔细核对，是否整齐划一。西餐宴会餐具摆设如图6-7所示。

（四）西餐刀叉的使用方法

1. 刀的使用

刀是用来切割食物的，不要用刀挑起食物往嘴里送。一般用右手拿刀。如果用餐时，有三种不同规格的刀同时出现，一般正确的用法是：带小小锯齿的那一把刀用来切肉制食品；中等大小的刀用来将大片的蔬菜切成小片；而那种小巧的、刀尖是圆头的、顶部有些上翘的小刀，则是用来切开小面包，然后用它挑果酱、奶油涂在面包上的。

2. 叉的使用

一般用左手拿叉，叉起食物往嘴里送的时候动作要轻，捡起适量食物一次性放入口中，不要拖拖拉拉一大块之后咬一口再放下，这样很不雅观。叉子捡起食物入嘴时，牙齿只碰到食物，不要咬叉，也不要让刀叉在齿上或盘中发出声响。

三、西餐摆台的差异性

西餐一般使用长方台，有时也使用圆台或者四人小方台。西餐就餐方式实行分餐制，摆台按照不同的餐别而做出不同的摆设。

正餐的餐具摆设分为零点餐桌摆台和宴会摆台，同时西餐摆放的方式因不同的服务方式也有不同之处。饮食文化及习俗差异不同，造就出不同的餐饮服务方式。西餐服务方式按照不同的国家可以分为多种，一般比较流行的服务方式有美式服务、英式服务、法式服务等等，不同的服务方式摆台也有差异，下面我们分别简单介绍一下。

（一）美式服务摆台

首先在座位的正前方，离桌边约2厘米处摆放餐盘，盘上放餐巾折花；在餐巾左侧摆放餐叉和沙拉叉，叉齿向上，叉柄距桌边2厘米；在餐巾右侧摆放餐刀，刀口向左，接着摆放汤匙，再摆放咖啡匙，刀柄及匙柄距桌边约 2 厘米；在餐叉前方摆放面包盘；在面包盘上右侧摆放 1 把黄油刀，刀身与桌边平行；以餐刀刀尖为基准摆放水杯或者酒杯，杯口先向下倒扣摆放；摆放糖盅、胡椒瓶、盐瓶或者烟灰缸等。美式服务摆台如图 6-8 所示。

（二）英式服务摆台

在座位的正前方离桌边 2 厘米处摆放餐盘，盘上放餐巾折花；在餐巾左侧

 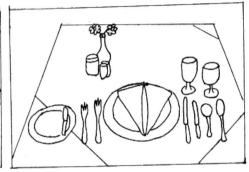

图 6-8　美式服务摆台　　　　　　　　图 6-9　英式服务摆台

摆放餐叉及鱼叉，叉齿向上，叉柄距桌边 2 厘米；甜品匙及汤匙，依次摆放在鱼刀右侧，匙柄距离桌边约 2 厘米；在餐巾左上方摆放面包盘；在面包盘上右侧摆放 1 把黄油刀，刀身与餐刀平行；水杯及酒杯摆放在汤匙上方，杯口向上。英式服务摆台如图 6-9 所示。

（三）法式服务摆台

在座位的正前方距离桌边约 2 厘米处摆放餐盘，餐盘上放置餐巾折花；在餐盘的左侧摆放餐叉和沙拉叉，叉齿向上，叉柄距离桌边约 2 厘米；在餐盘的右侧摆放餐刀，刀口向左，刀柄距离桌边约 2 厘米；在餐刀右侧摆放汤匙，匙柄距离桌边约 2 厘米；将面包盘放在沙拉叉的左侧，盘上右侧摆放 1 支黄油刀，

图 6-10　法式服务摆台

与餐刀平行；在餐盘正前方摆放甜品匙及点心叉，匙在上方，匙柄向右，叉在下方，叉柄向左；以餐刀刀尖为基准摆放红酒杯，红酒杯的右下方摆放白酒杯，左上方摆放水杯（杯口向上摆放）；摆放糖盅、胡椒瓶、盐瓶。法式服务摆台如图 6-10 所示。

【实训 10】中餐宴会摆台

实训目标

依据操作程序与标准练习，要求操作程序正确，动作规范，餐具摆放符合标准，托盘操作符合要求。

摆台过程中，要有良好的操作习惯，做到轻拿轻放，操作卫生，无餐具落地、打碎、翻盘等失误。

能在规定操作时间内（15 分钟），按摆台程序和要求完成一张中餐宴会 10 人台的摆台。

课前准备

多媒体投影设备、有关中餐摆台的相关 PPT、图片；录像设备，如手机、录像机等；要求学生课前通过阅读书籍、网络搜索等途径学习中餐宴会摆台的相关理论知识。

|实训准备1|

8张10人位标准餐桌、餐椅、工作台、台布，花瓶、花篮或其他装饰物；能容纳30~40人进行技能训练的实训室；将学生分成若干小组，每组5人，每人负责两个餐位的摆台；待小组成员熟练后逐一进行全桌的摆台，其他同学观察并评议。

|实训准备2|

筷子、筷架、骨碟、台裙、汤勺、口汤碗、长柄勺、水杯、葡萄酒杯、白酒杯、水杯、牙签，每桌10套；秒表、菜单、防滑托盘每桌一份（套）；烟灰缸、公用餐具（筷子、筷架、汤勺）每桌2套。

|实训课时|

5课时。

|任务与训练方法|

（1）教师根据中餐宴会摆台程序进行示范操作，然后分段进行示范。

（2）教师向学生强调实训中的一些细节：铺设台布时要找准参照点，一次到位，避免反复，浪费时间；摆台时，物品的托送一律要使用托盘操作；摆放餐具时，如有店徽标志的，必须正面朝上或朝向客人；摆放餐具前，应检查所用餐具是否有破损，以免造成不必要的伤害；操作时，手应拿取杯座处，不能触碰杯口部位，更不能留有手印；摆放餐具时应轻拿轻放，避免餐具之间碰出响声；摆放餐巾花时应将餐巾花的观赏面朝向客人。

（3）学生以小组为单位进行模仿学习和训练。

（4）小组中1人进行摆台练习，1人辅助上转台和物品的准备，另外2人参照技能考评标准进行评议和纠错，以此4人轮流练习。

（5）教师根据学生学习训练的情况进行巡回检查和指导。

（6）为提高学生的训练兴趣，可以开展以小组为单位的分段程序和全程序操作竞赛；学生学会了中餐宴会摆台后，再以中级工的技能考核要求训练他们的摆台速度及质量。

|实训活动评价|

见表 6-9。

表 6-9　中餐宴会摆台训练评价表

小组成员					
考评地点					
考评内容	中餐宴会摆台技能				
考评标准	评价指标	分值/分	自我评价/分	小组评议/分	实际得分/分
	台布一次抖开且平整、无皱纹	5			
	台布中心与桌心重合，下垂四角匀称	5			
	台布正面朝上，中心线凸缝正对主人位、副主人位	5			
	转盘中心与餐台中心重合	5			
	餐具摆放均匀且达到摆放标准	30			
	餐巾花挺拔，造型美观，手法卫生	15			
	餐巾花观赏面朝向客人，突出主人位	10			
	围椅均匀，座边与台布垂面相切1厘米	10			
	餐台转盘放在桌子的中心位置	5			
	单人能在15分钟内完成全桌摆台	10			
	合计	100			

总得分 = 自我评价分 ×40%+ 小组评议分 ×60%；考评满分为 100 分。

【实训 11】西餐宴会摆台

|实训目标|

通过对西餐摆台基础知识的讲解和操作技能的训练，使学生了解西餐摆台的要求及摆台用具，掌握各种西餐摆台的操作程序与标准，达到操作规范、技能娴熟的训练要求。

熟悉西餐摆台所需用具，掌握西餐宴会和零点摆台技能。

|课前准备|

多媒体投影设备、有关西餐摆台的相关 PPT、图片；录像设备，如手机、录像机等；要求学生课前通过阅读书籍、网络搜索等途径学习西餐宴会摆台的

相关理论知识。

|实训准备|

物品准备：长条桌 10 张，每张桌配座椅 6 把；蜡烛台、椒盐瓶、烟灰缸、火柴、托盘各 10 个；口布、餐盘、面包盘、黄油碟、沙拉叉、鱼叉、主餐叉、主餐刀、鱼刀、黄油刀、水杯、红葡萄酒杯、白葡萄酒杯各 60 个（件）。

分组准备：学生 4 人为一组；每组学生两人先练习，另外两名学生先观察记录，之后轮换。

|实训课时|

5 课时。

|任务与训练方法|

（1）教师根据西餐宴会摆台程序进行示范操作，然后分段进行示范。

（2）教师向学生强调训练中的注意事项：摆放餐具前，应注意个人卫生；摆放餐具时，如有店徽标志的，必须正面朝上或朝向客人；摆放餐具前，应检查所用餐具是否有破损，以免造成不必要的伤害；操作时，手应拿取杯座处，不能触碰杯口部位，更不能留有手印；西餐用具较多，应仔细识别，以免张冠李戴；西餐台台面的装饰很讲究，在美化餐台的同时要符合客人的风俗习惯。

（3）学生以小组为单位进行模仿学习和训练。

（4）小组中 1 人进行摆台练习，1 人辅助上转台和物品的准备，另外 2 人参照技能考评标准进行评议和纠错，以此 4 人轮流练习。

（5）教师根据学生学习训练的情况进行巡回检查和指导。

（6）为提高学生的训练兴趣，可以开展以小组为单位的分段程序和全程序操作竞赛。

（7）学生学会西餐宴会摆台后，再以中级工的技能考核要求训练他们的摆台速度及质量。

（8）首先由教师示范讲解，然后学生动手操作训练。在学生操作训练过程中，教师进行指导，学生反复强化训练，达到熟练掌握该项操作技能的目的。

实训活动评价

见表6-10。

表6-10　西餐宴会摆台训练评价表

小组成员					
考评地点					
考评内容	西餐宴会摆台技能				
	评价指标	分值/分	自我评价/分	小组评议/分	实际得分/分
	台布正面朝上，中心线凸缝居餐台中心	5			
	餐桌四周台布的下垂部分均匀	5			
	装饰盘定位准确且间距均匀	10			
	餐具摆放均匀且达到摆放标准	20			
	餐台插花居中且主题突出	10			
	椒盐瓶、烛台及烟灰缸摆放到位	15			
	餐巾花观赏面朝向客人，突出主人位	15			
	单人能够在15分钟内完成摆台	10			
	摆台过程中水平有较快提升	10			
合计		100			

总得分＝自我评价分×40%＋小组评议分×60%；考评满分为100分。

第七章　酒水服务

第一节　酒水常识

一、酒的分类

市场上出售的酒，名目繁多、各式各样，有曲酒、果酒、啤酒等等，到底应该怎样来识别酒，划分酒的类别，让人一看就清楚呢？这就需要了解和掌握酒的分类情况。目前，酒的种类繁多，各地、各国分类的方法也不统一，但从传统的方法和多数人的习惯，可以从下面几个方面来划分。

（一）按原材料分类

根据酿酒用的原材料不同，可以划分为三类：

（1）粮食酒：就是以粮食为主要原料生产的酒。例如高粱酒、糯米酒、苞谷酒等。

（2）果酒：就是用果类为原料生产的酒，如葡萄酒、苹果酒、橘子酒、梨子酒、香槟酒等。

（3）代粮酒：就是用粮食和果类以外的原料，比如野生植物淀粉原料或含糖原料生产的酒，习惯称为代粮酒，或者叫代用品酒。例如，用青杠子、薯干、木薯、芭蕉芋、糖蜜等为原料生产的酒均为代粮酒。

（二）按生产工艺分类

目前，按照生产工艺的特征来分，可以分为三大类：

（1）蒸馏酒：在生产工艺中，必须经过蒸馏过程才取得最终产品的酒。如中国的白酒，外国的白兰地、威士忌、伏特加、朗姆酒、特吉拉酒等。

（2）发酵酒：又称为非蒸馏酒，在生产过程中不经过蒸馏便形成了最终产品。

如黄酒、啤酒、葡萄酒和其他果子酒等。

（3）配制酒（又称再制酒）：顾名思义，配制酒就是用蒸馏酒或发酵酒为酒基，再人工配入甜味辅料、香料、色素或浸泡药材、果皮、果实、动植物等形成的最终产品的酒，如果露酒、香槟酒、汽酒及药酒、滋补酒等。

（三）按发酵特征

按发酵特征来分类，也是一种常见的方法。可分为三种：

（1）液态法白酒：即采用酒精工艺来生产的白酒，产品均是普通白酒。

（2）半液态法白酒：主要有两广一带的米烧酒和黄酒。

（3）固态法白酒：系采用中国传统固态法发酵工艺酿制的大曲酒、小曲酒，均在此列。

（四）按酒精含量的多少

按酒精含量的多少来划分，习惯将酒分为高度酒（即国外又称烈性酒）和低度酒两种。前者包括中国的白酒（烧酒）和用蒸馏工艺生产的洋酒。后者包括发酵类酒。由于国外没有一个统一的标准来量度，故一般根据发酵酒的酒精含量（口语上以"度"相称）来进行区分。

如对高度酒和低度酒又可进一步划分：

（1）高度酒可分为高度白酒（50％Vol以上）、降度白酒（又称中度白酒，40％Vol~50％Vol）、低度白酒（40％Vol以下）。

（2）低度酒的区分。由于酒种门类多，酒种间的酒度相差很大，还没有人研究划分法。但是，啤酒自1980年以来，国外已有明确的区分方法。一般的啤酒其酒精含量在3.5％Vol~5％Vol，故国外把含酒精2.5％Vol~3.5％Vol的称为淡啤酒，1％Vol~2.5％Vol含量的称为低醇啤酒，1％以下的酒精含量则称为无醇啤酒。

（五）按商品的特性

酒按商品的特性可分为：白酒、黄酒、果酒、啤酒、药酒和配制酒六类。这六类酒中，根据酒的颜色又可分为有色酒和无色酒。黄酒、果酒、啤酒、药酒和配制酒属于有色酒，白酒属于无色酒。一般有色酒的酒度比较低，无色酒的酒度要高些。

在有色酒中，从口味上根据甜淡的程度可分为甜型、半甜型、干型和半干型。甜的叫甜型或半甜型；不甜的叫干型或半干型。"干"从英文 Dry 引出。以葡萄酒为例，"干"型酒含糖 0.5% 以下，口感不甜；"半干"型，含糖 0.5%~1.2%，口感极微弱的甜味；"半甜"型，含糖 1.2%~5%，口感较甜；"甜"型，含糖 5% 以上，口感味甜。中国的黄酒，也借用西方对葡萄酒的划分方法分类。啤酒是有色酒，按色泽的深浅又可分为黄啤、黑啤、白啤（小麦制造）三大类。

无色酒如茅台酒、董酒、西凤酒等因无色透明，通常称为白酒。其实，白酒并非白色的酒。无色酒根据酒精含量可分为低度酒、中度酒、高度酒。酒精容量的百分比称为酒的度数，每含 1% Vol 称为 1 度。一般，40 度以下的称为低度白酒，40~50 度的称为中度白酒（亦称降度酒），50 度以上的称为高度白酒。

（六）其他分类法

前面已经介绍，按生产工艺分类，可分为蒸馏酒、发酵酒、配制酒。就蒸馏酒而言，从世界范围来看，又有两种分类方法：一种是按原料为主、兼顾生产工艺，另一种则是按糖化发酵剂来分类。

按原料分类可分为淀粉类和含糖类。

按糖化发酵剂分则可分为三大类。

（1）用曲作糖化发酵剂。这类酒用淀粉质原料来酿造，称为传统烧酒，茅台酒、日本烧酒等均用此法酿造。

（2）以麦芽为糖化剂，然后加入发酵剂来制酒。这种生产方法，西方各国用得比较多，例如英国的威士忌就是用此法酿制的。

（3）在原料中只加入发酵剂而得的酒。如以果类为原料酿制的各类白兰地，以甘蔗为原料的朗姆酒，以及最有名的法国科涅克白兰地等都是采用这种工艺生产的。

此外，还有按商品价值来分的高级酒、中级酒、大路酒（普通酒），按酒液是否能产生气泡来分的起泡酒（又称发泡酒，如啤酒、香槟酒）、非起泡酒（又称非发泡酒）等等。

总之，中国酒的分类还没有定型的法规、统一的标准或模式，只能凭传统习惯和经验做粗略的划分，而且多是从定性分类；要进行定量的、准确的、科学的分类，还有待于酿酒科技的进一步发展和科研、技术人员的不断探讨、总结和实践，把酒的分类进一步科学化、标准化和群众化，以满足消费者识酒、选酒、购酒、品酒的需要。

二、中国酒的分类介绍

中国酒品种繁多，分类的标准和方法不尽相同，有以原料进行分类的，有以酒精含量高低分类的，也有以酒的特性分类的。最为常见的分类方法有两种：一是生产厂家根据酿制工艺来分类，二是经营部门根据经营习惯来分类。习惯上大都采用经营部门的分类法，将中国酒分为白酒、黄酒、果酒、药酒和啤酒等五类。

1. 白酒

按生产工艺方法不同，可分为三类，即液态法白酒、半液态法白酒、固态法白酒。在固态法白酒中，又可按使用酒曲块大小，划分为四类：即大曲酒、小曲酒、大小曲混用酒及麸曲酒。大曲酒是指用大曲酿的酒，如窖酒、双沟大曲、洋河大曲等等。小曲酒多以大米、小麦为原料制成的曲酿的酒，在制曲中往往要加一些药材，所以也叫作"药曲"或"酒药"。酿酒中小曲用量少，只有原料的 1%~2%。麸曲酒是以麸皮为原料做的曲酿的酒。

按酒的香型可划分为五种。

（1）酱香型酒。所谓酱香，就是有一股类似豆类发酵时发出的一种酱香味。这种酒的特征是：酱香突出，幽雅细腻，酒体丰富醇厚，回味悠长，香而不艳，低而不淡。茅台酒就属此类酒的典型代表，且具有隔夜留香、饮后空杯香犹存的特点。

（2）浓香型酒。例如特曲、五粮液酒属此类的代表，它们的主要特征是：窖香浓郁，绵甜甘冽，香味协调，尾净余长。它以乙酸乙酯为主体香。很受消费者喜爱，这种香型酒在市面上较多，习水大曲、鸭溪窖酒等都属于浓香型白酒。

（3）清香型酒。这种香型的酒以乙酸乙酯和乳酸乙酯两者的结合为主体香。它的主要特征是：清香醇正，诸味协调，醇甜柔和，余味爽净，甘润爽口，具有传统的老白干风格。杏花村汾酒是这类香型的代表。其他如宝丰酒、特制黄鹤楼酒也是清香型白酒。

（4）米香型酒。如三花酒、全州湘山酒、长乐烧等属于此类白酒，以清、甜、爽、净见长，其主要特征是：蜜香清雅，入口柔绵，落口爽冽，回味怡畅。如果闻香的话，有点像黄酒酿与乳酸乙酯混合组成的蜜香。

（5）其他香型酒。不属以上四种香型而又没有给定香型名字的白酒，暂时统统划为其他香型白酒，如董酒、平坝窖酒、匀酒、朱昌窖酒以及白云边、白沙液等许多好酒都属于其他香型，他们都有各自的特殊香味和特殊风格，只有依靠科研工作者和酿酒行家，不断钻研、探索、加以证实，定型出适合这些酒味的香型来。

2. 黄酒

黄酒是中国生产历史悠久的传统酒品，因其颜色黄亮而得名。以糯米、黍米和大米为原料，经酒药、麯曲发酵压榨而成。酒性醇和，适于长期贮存，有越久越香的特点，属低度发酵的原汁酒。酒度一般在 8~20 度。

黄酒的特点是酒质醇厚幽香，味感谐和鲜美，有一定的营养价值。

黄酒除饮用外，还可作为中药的"药引子"。在烹饪菜肴时，它又是一种调料，对于鱼、肉等荤腥菜肴有去腥提味的作用。黄酒是中国南方和一些亚洲国家人们喜爱的酒品。

黄酒根据其原料、酿造工艺和风味特点的不同，可以划分成以下三种类型：

（1）江南糯米黄酒

江南黄酒，生产历史悠久。它是以糯米为原料，以酒药和麸曲为糖化发酵剂酿制而成。其酒质醇厚，色、香、味都高于一般黄酒。存放时间越长越好。由于原料的配比不同，加上酿造工艺的变化，形成了各种风格的优良品种，主要品种有状元红、加饭酒、花雕酒、善酿酒、香雪酒、竹叶青酒等。酒度在13~20 度。

（2）红曲黄酒

红曲黄酒以糯米、粳米为原料，以红曲为糖化发酵剂酿制而成。其代表品种是老酒和沉缸酒，具有酒味芬芳，醇和柔润的特点。酒度在 15 度左右。

（3）黍米黄酒

黍米黄酒是中国北方黄酒的主要品种，最早创于即墨，现在北方各地已有广泛生产。以黍米为原料，以米曲霉制成的麸曲为糖化剂酿制而成。具有酒液浓郁、清香爽口的特点，在黄酒中独具一格。即墨黄酒还可分为清酒、老酒、兰陵美酒等品种，酒度在 12 度左右。

黄酒质量的高低也是按其色、香、味三个方面进行评定的，色泽以浅黄澄清（即墨黄酒除外）、无沉淀物者为优，香气以浓郁者为优，味道以醇厚稍甜、无酸涩味者为优。

黄酒大多采用陶质坛装，泥土封口，以助酯化，故越久越香。保存的环境要凉爽，温度要平稳。由于黄酒是低度酒，开坛后要及时销售，时间久了，易被污染而变质。

3. 果酒

果酒是用水果本身的糖分被酵母菌发酵成为酒精的酒，含有水果的风味，也叫果子酒。因此民间的家庭时常会自酿一些水果酒来饮用，如草莓酒、金桔酒、红枣枸杞酒、李子酒、葡萄酒等等。因为这些水果表皮会有一些野生的酵母，加上一些蔗糖，因此不需要额外添加酵母也能有一些发酵作用，但民间传统做酒的方法往往旷日费时，也容易被污染。所以外加一些活性酵母是快速酿造水果酒的理想方法。

4. 药酒

药酒是以成品酒（大多用白酒）为酒基，配各种中药材和糖料，经过酿造或浸泡制成具有不同作用的酒品。药酒可以分为两大类：一类是滋补酒，它既是一种饮料酒，又有滋补作用，如竹叶青酒、五味子酒、男士专用酒、女士美容酒；另一类是利用酒精提取中药材中的有效成分，以提高药物的疗效，此种酒是真正的药酒，大都在中药店出售。

5. 啤酒

啤酒是以大麦为原料，啤酒花为香料，经过发芽、糖化、发酵而制成的一种低酒精含量的原汁酒，通常人们把它看成为一种清凉饮料。其酒精含量在 2~5 度。啤酒的特点是有显著的麦芽和啤酒花的清香，味道纯正爽口。啤酒含有大量的二氧化碳和丰富的营养成分，能帮助消化，促进食欲，有清凉舒适之感，所以深受人们的喜爱。啤酒中含有 11 种维生素和 17 种氨基酸。1 升啤酒经消化后产生的热量,相当于10个鸡蛋或500克瘦肉或200毫升牛奶所产生的热量,故有"液体面包"之称。

三、国外代表性葡萄酒

（一）按葡萄生长来源不同分类

（1）山葡萄酒（野葡萄酒）。野生葡萄为原料酿成的葡萄酒。

（2）家葡萄酒。以人工培植的酿酒品种葡萄为原料酿成的葡萄酒。外国葡萄酒生产厂家大都以生产家葡萄酒为主。

（二）按葡萄酒的颜色分类

1. 白葡萄酒

选择用白葡萄或浅红色果皮的酿酒葡萄,经过皮汁分离,取其果汁进行发酵酿制而成的葡萄酒,这类酒的色泽应近似无色,浅黄带绿、浅黄、禾秆黄。颜色过深不符合白葡萄酒色泽的要求。

2. 红葡萄酒

选择用皮红肉白或皮肉皆红的酿酒葡萄,采用皮汁混合发酵,然后进行分离酿成的葡萄酒,这类酒的色泽应呈自然宝石红色、紫红色、石榴红色等。失去自然感的红色不符合红葡萄酒色泽要求。

3. 桃红葡萄酒

此酒是介于红、白葡萄酒之间,选用皮红肉白的酿酒葡萄,进行皮汁短时期混合发酵达到色泽要求后进行分离皮渣,继续发酵,酿成为桃红葡萄酒。这类酒的色泽应该是桃红色,或玫瑰红、淡红色。

（三）按葡萄酒中含糖量分类

1. 葡萄酒

葡萄酒中的糖分几乎已发酵完,每升葡萄酒中含总糖低于4克。饮用时觉不出甜味,酸味明显。如干白葡萄酒、干红葡萄酒、干桃红葡萄酒。

2. 半干葡萄酒

半干葡萄酒是指每升葡萄酒中含总糖在4~12克。饮用时有微甜感,如半干白葡萄酒、半干红葡萄酒、半桃红葡萄酒。

3. 半甜葡萄酒

半甜葡萄酒是指每升葡萄酒中含总糖在 12~50 克。饮用时有甘甜、爽顺感。

4. 甜葡萄酒

甜葡萄酒是指每升葡萄酒中含总糖在 50 克以上，饮用时有明显的甜纯感。

（四）按是否含有二氧化碳分类

不含二氧化碳的葡萄酒称为静止葡萄酒，含有二氧化碳的葡萄酒称为起泡葡萄酒，起泡葡萄酒又分为葡萄汽酒和香槟酒。

（五）按日常饮用习惯分

餐前酒，著名的有雪莉酒，餐前酒分为红、白和桃红三大类，其中以红、白最为广泛。汽酒：最著名的汽酒就是法国香槟省出产的香槟酒。餐后酒著名的有原产自葡萄牙的钵酒。餐前酒和餐后酒又被称为加度酒，因为它们是在酿制过程中或酿制完毕后加入白兰地而使酒精度高达 17~18 度，普通的餐酒酒精度一般为 9~14 度，汽酒更低一些。

此外，如在葡萄酒中添加芳香性开胃健脾的植物，谓之加香葡萄酒，如味美思。味美思又叫开胃葡萄酒，是地中海国家一个古老的葡萄酒品种。

白兰地也是以葡萄作为原料的，它是葡萄酒的蒸馏酒。

四、国外代表性蒸馏酒

从生产方法上看，酒类一般可以分成蒸馏酒、酿造酒和配制酒三大类。其中蒸馏酒深受大众喜爱，蒸馏酒是将经过发酵的原料加以蒸馏提纯做成的，酒精含量较高，根据原料的不同，又可分为谷物蒸馏酒、葡萄蒸馏酒以及其他蒸馏酒。饭店里常见的外国蒸馏酒有以下几种：

（一）威士忌

威士忌是以大麦、黑麦、玉米等为原料，经过发酵蒸馏后放入木制的酒桶中化而酿成的一种最具代表性蒸馏酒。市场的销售量很大。威士忌酒的产地很广，制造方法也不完全相同，主要品种有以下四种，市场上比较多的是苏格兰威士忌和美国威士忌。

1. 苏格兰威士忌

苏格兰威士忌是苏格兰的名牌产品，用经过干燥、泥炭熏焙产生的独特香味的大麦芽作酿造原料制成。此酒的时间最少是 8 年，通常是 10 年或更长的时间。苏格兰威士忌具有独特的风格，色泽棕黄带红，清澈透亮，气味焦香，带有浓烈的烟熏味。苏格兰威士忌的名牌有：黑方、芝华士、老牌、特级。

2. 爱尔兰威士忌

爱尔兰威士忌是以大麦、燕麦及其他谷物为原料酿造的，经三次蒸馏并在木桶中陈化 8~15 年。风格与苏格兰威士忌接近，最明显的区别是没有烟熏的焦味，口味绵柔，适合做混合酒的其他饮料。人们比较熟悉的品牌有：吉姆逊父子、波威尔、老不殊苗、吐拉摩。

3. 加拿大威士忌

加拿大开始生产威士忌是在 18 世纪中叶，那时只生产稞麦威士忌，酒性强烈。19 世纪以后，开始生产由玉米制成的威士忌，口味比较清淡。它是在加拿大政府管理下蒸酿、贮藏、混合和装瓶的。在木桶中陈化的时间是 4~10 年。主要品牌有：加拿大俱乐部、西格兰姆斯、王冠。

4. 美国威士忌

尽管美国只有 200 多年的历史，但因为其移民多数来自欧洲，因此也带去了酿酒的技术。在波本生产的威士忌被称作波本威士忌。波本威士忌的主要原料是玉米和大麦，经发酵蒸馏后陈化 2~4 年，不超过 8 年。其名牌有：四玫瑰、老爷爷、吉姆·宾、野火鸡。

威士忌要加冰块和苏打水喝，这样喝起来才不会那么烈，口感比较平和。苏打水使酒产生出大量二氧化碳气体，喝下去，冰凉的酒气从鼻腔里冲出来，与喝饱了冰镇啤酒后打嗝的感觉有些近似，但打出的气味香得多，特别舒服。

（二）金酒

金酒也称杜松子酒，可分为荷兰式金酒和英国式金酒两类。

1. 荷兰式金酒

采用大麦、麦芽、玉米、稞麦等为原料，经糖化发酵后蒸馏，在蒸馏时加入杜松子果和其他香草类，经过两次蒸馏而成。荷兰式金酒色泽透明清亮，香味突出，风格独特，适宜于单饮。其名牌有：波尔斯、波马、汉斯。

2. 英国式金酒

采用稞麦、玉米等为原料，经过发酵后，放入连续式蒸馏酒器中，蒸馏出酒精度很高的酒液后，加入杜松子和其他香料，再次放入单式蒸馏酒器中蒸馏而成。英国金酒既可以单饮，也可用于调酒。英国金酒也称为千金酒，酒液无色透明，气味奇异清香，口感醇美爽适。较流行的名牌有：哥顿金酒、将军金酒、布多斯金酒、坦卡里金酒。

（三）伏特加酒

伏特加酒分两大类，一类是无色、无杂味的上等伏特加，另一类是加入各种香料的伏特加。伏特加是俄罗斯具有代表性的烈性酒，原料是土豆和玉米。将蒸馏而成的伏特加原酒，经过 8 小时以上的缓慢过滤，使原酒酒液与活性炭分子充分接触而净化为纯净的伏特加酒。伏特加酒无色、无异味，是酒类中最无杂味的酒品。伏特加酒较有名的有：绝对伏特加 /Absolut、Tatspirtprom、沙皇金樽、白鲸伏特加 /BELUGA、灰雁、斯米诺 /Smirnoff、坎特一号、芬兰伏特加、诗珞珂、维波罗瓦等。

（四）朗姆酒

朗姆酒是制糖业的一种副产品，以甘蔗提炼而成，大多数产于热带地区。朗姆酒的生产工艺与大多数蒸馏酒相似，经过原料处理，酒精发酵，蒸馏取酒之后，必须再陈化 1~3 年，以便酒液染上橡木的色香味。朗姆酒按口味可以分三类，即淡朗姆酒、中朗姆酒、浓朗姆酒。朗姆酒按颜色也可分为三类，即白朗姆酒、金朗姆酒和黑朗姆酒。朗姆酒较有名的有：白加地白朗姆酒、麦耶黑朗姆酒、摩根船长。

（五）特吉拉酒

特吉拉酒产于墨西哥，是用一种叫龙舌的仙人掌类植物为原料制成的烈性酒。龙舌兰的成长期为 8~10 年，酿酒时用其球状仙人掌类，先劈开放入蒸馏器中蒸馏，取出的龙舌兰放入滚转机压碎，浇上温水，放入酒母发酵，再次蒸馏，用木桶化。特吉拉酒呈琥珀色，香气奇异，口味凶烈。常见的特吉拉酒有：特吉拉安乔、欧雷、玛丽亚西、索查。

（六）白兰地

白兰地是用发酵过的葡萄汁液，经过两次蒸馏而成的美酒。法国是世界上首屈一指的白兰地生产国。法国人引以为豪的白兰地叫干邑，有白兰地之王之称。干邑原是法国南部一个古老城市的名称。法国人认为，只有在这一地区酿造并选用当地优质葡萄为原料的酒才可以称作干邑。法国另一个很有名的白兰地产区是岩马纳。

法国白兰地用字母或星印来表示白兰地酒贮存时间和长短，贮存时间越久越好。

"V.S.O"为12~20年的白兰地酒；"V.S.O.P"为20~30年的白兰地酒；

"X.O"是"Extra Old"的缩写，X.O一般指40年的白兰地酒。

白兰地酒用星印来表示贮存时间：一星表示3年，二星表示4年，三星表示5年。目前世界上最有名的白兰地有：柯罗维锡、海轩尼诗、人头马、开麦士。世界上最有名的白兰地为法国科涅克地区所生产。中国开始大规模生产白兰地，作为商品在国内外市场销售，则始于20世纪初的张裕公司。

五、茶的常识

文字记载表明：中国人在3000多年前已经开始栽培和利用茶树。茶树最早的原产地是云南的西双版纳。

（一）中国茶区分布

中国茶区分布辽阔，东起东经122°的台湾省东部海岸，西至东经95°的西藏自治区易贡，南自北纬18°的海南榆林，北到北纬37°的山东荣成，东西跨经度27°，南北跨纬度19°。共有21个省（市、区）、967个县、区生产茶叶。表7-1。

表 7-1　中国茶区分布

茶区	地理分布	茶类
江南茶区	长江中下游南部,包括浙江、湖南、江西和皖南、苏南、鄂南等地	西湖龙井、黄山毛峰、洞庭碧螺春、君山银针、庐山云雾等
西南茶区	又称"高原茶区",包括云南、贵州、四川三省以及西藏东南部等	南糯白毫、苍山雪绿、竹叶青、都匀毛尖、滇红功夫茶
华南茶区	又称"岭南茶区",包括广东、广西、福建、台湾、海南等省(自治区)	铁观音、黄金桂、凤凰水仙、冻顶乌龙、白毫乌龙等
江北茶区	长江中下游北岸,包括河南、陕西、甘肃、山东和皖北、苏北、鄂北等地	信阳毛尖、六安瓜片、霍山黄芽、舒城兰花等

（二）茶的种类

1. 绿茶

绿茶又称不发酵茶,以适宜茶树新梢为原料,经杀青、揉捻、干燥等典型工艺制成。按其干燥和杀青方法不同,一般分为炒青、烘青、晒青和蒸青绿茶,绿茶形成了"清汤绿叶,滋味收敛性强"等特点。

绿茶是历史最早的茶类,距今三千多年,也是中国产量最大的茶类,产区主要分布于浙江、安徽、江西等地。绿茶代表茶有西湖龙井、信阳毛尖、碧螺春、绿宝石。

2. 红茶

红茶又称发酵茶。以适宜制作本品的茶树新芽叶为原料,经萎凋、揉捻、发酵、干燥等典型工艺过程精制而成。其汤色以红色为主调,故得名。红茶可分为小种红茶、工夫红茶和红碎茶,为中国第二大茶类。红茶代表茶有滇红、宜兴红茶、红宝石。

3. 乌龙茶

乌龙茶亦称青茶、半发酵茶,是中国几大茶类中,独具鲜明特色的茶叶品类。乌龙茶综合了绿茶和红茶的制法,其品质介于绿茶和红茶之间,既有红茶的浓鲜味,又有绿茶的清香,并有绿叶红镶边的美誉。

乌龙茶的药理作用，突出表现在分解脂肪、减肥健美等方面。在日本被称之为美容茶、健美茶。乌龙茶代表茶有文山包种茶、安溪铁观音、冻顶乌龙茶、武夷大红袍。

4. 白茶

白茶属轻微发酵茶，是中国茶类中的特殊珍品。因其成品茶多为芽头，满披白毫，如银似雪而得名。白茶主要产区在福建省（台湾省也有少量生产）建阳、福鼎、政和、松溪等地。白茶的制作工艺，一般分为萎凋和干燥两道工序，而其关键在于萎凋。白茶制法的特点是既不破坏酶的活性，又不促进氧化作用，且保持毫香显现，汤味鲜爽。白茶主要品种有白牡丹、白毫银针。

5. 黄茶

人们从炒青绿茶中发现，由于杀青揉捻后干燥不足或不及时，叶色即变黄，于是产生了新的品类——黄茶。黄茶属发酵茶类，黄茶的制作与绿茶有相似之处，不同点是多一道闷堆工序。这个闷堆过程是黄茶制法的主要特点，也是它同绿茶的基本区别。黄茶按鲜叶的嫩度和芽叶大小，分为黄芽茶、黄小茶和黄大茶三类。黄茶代表茶有君山银针、蒙顶黄芽和霍山黄芽、远安黄茶。

6. 黑茶

是中国生产历史十分悠久的特有茶类。在加工过程中，鲜叶经过渥堆发酵变黑，故称黑茶。黑茶既可直接冲泡饮用，也可以压制成紧压茶（如各种砖茶）。主要产于湖南、湖北、四川、云南和广西等地。因以销往边疆地区为主，故以黑茶制成的紧压茶又称边销茶。黑茶代表茶有普洱茶。

7. 再加工茶

以基本茶类绿茶、红茶、乌龙茶、白茶、黄茶、黑茶的原料经再加工而成的产品称为再加工茶。它包括花茶、紧压茶、萃取茶、果味茶和药用保健茶等，分别具有不同的品味和功效。代表茶：花茶有茉莉花茶、珠兰花茶；紧压茶有沱茶和六堡茶。

（三）茶的鉴别

茶叶的产地、新旧是影响茶质量的重要因素，通过以下一些方面可以选购质量好、价格又不贵的新鲜好茶；以铁观音为例，可以从以下一些方面加以辨别。

（1）先观形色。好茶特别是新鲜茶叶，由于叶绿素丰富，色泽乌润、翠绿或墨绿、带光泽、外形紧实。而陈旧劣质茶，叶绿素受空气氧化等作用，色泽发黄灰褐、无光泽，外形较松散。

（2）再闻其味。好茶特别是新鲜茶叶有一股自然的茶叶清香气味，似兰花或茉莉花香，天然花香而非人工添加，闻起来心旷神怡；而陈旧劣质茶有一股陈旧味或霉味、气味古怪又不自然。

（3）品汤观色。好茶特别是新鲜茶叶，汤色翠绿或金黄、茶味甘香可口、回甘持久；而陈旧劣质茶则汤色深褐、浑浊。

（4）选择一间信誉良好的茶庄同样很重要。因为茶叶的质量好坏涉及茶叶的新鲜与否，茶叶的保管是否恰当，茶叶的等级是否以次充好，价格是否合理……信誉良好的茶庄在以上方面较有保障。

（四）泡茶误区

1. 用保温杯泡茶

保温杯虽能保温，但茶叶中多种维生素和芳香油易在高温或长时间的恒温水中损失，茶的效用和口味也降低了。好的茶具首推陶器类，具有一定透气性，冬天保温，夏天不馊，不发生任何化学反应，所以紫砂茶壶享有盛名。普通的泡茶，玻璃杯最合适。

2. 用沸水冲泡

有些人喜欢用刚开的水冲泡茶叶，其实这是非常有害的。刚烧开的水，温度高，可使茶叶中不耐高温的营养素（如维生素C等）大量破坏，并且使茶的香味很快消失。泡茶的水温宜按茶叶老、嫩来分，老茶可用95℃的开水直接冲入；嫩茶则应低些，80℃左右比较适合。

3. 认为头遍茶好

有些人认为头遍茶浓，提神醒脑，所以爱喝头遍茶。殊不知，茶叶在栽培与加工过程中受到农药等污染，茶叶表面总残留一些农药，相应的头遍茶农药等有害物质浓度也高。所以应让头遍茶水发挥"洗茶"的作用，弃之不饮。

4. 冲泡次数过多

茶叶泡得过久，内中很多对人体不利的物质被泡了出来。冲泡时间过长，茶叶中的茶多酚、类脂、芳香物质等可以自动氧化，不仅茶汤色暗、味差、香低，失去品尝价值；同时由于茶水搁置时间太久，受到周围环境的污染，茶水中的微生物（细菌和真菌）数量增多，而影响卫生。茶泡三四杯后就没有再泡的必要了；茶宜常饮而不宜多饮，应随饮随泡，不要搁置太久。

5. 杯子上的茶垢很难清除

茶属碱性，所以在杯子里倒满热水然后加入醋等酸性物质可以轻松去除茶垢。

（五）茶与健康

茶是人们日常生活中美好的饮料，具有较高的营养与医疗预防价值，对维持人体健康有着积极意义，中国有句俗语"宁可一日无盐，不可一日无茶"。

茶可明目清心，这是因为茶叶中含有脂溶性维生素，能使眼视网膜中杆状细胞的视紫红线再生，有维持视力正常的功能，并对防治白内障也有一定的效果。

茶可抗老防衰，这是因为茶叶中含有维生素 E 与多种氨基酸等化学成分，而维生素 E 有着抗衰老作用，氨基酸有促进毛发生长、防贫血与早衰功效，并对高血压、中风、失眠也有抑制与治疗作用。

茶叶可提神解暑，因茶中含有咖啡碱，它能兴奋中枢神经，达到振奋精神，增进思维，以及利尿、解烟酒毒、帮助消化、调节脂肪代谢等。此外茶叶中有钾，它是细胞内的主要阳离子，暑天酷热，大量出汗，体内的钾随着汗液大量消失。喝茶，可补充体内的钾，以维持平衡。

茶叶可补血利尿，这是因为茶中含有丰富的铁与维生素 C，铁可补血，维生素 C 可防治坏血病，增强抗感染能力；茶叶的利尿作用主要是茶叶中含有咖啡碱与茶碱。

茶叶可防辐射，茶叶中的茶多酚与脂多糖均具有抗辐射的效应，它能使某些放射性元素不被吸收而排出体外，所以一些学者把茶叶称为"原子时代的高级饮料"。

此外，茶叶还能应急治疗中毒、菌痢、急性肠炎、胆绞痛等疾病，如急性肠炎可用浓茶一杯饮服，中毒（误服铅、银、钴、铜等金属或奎宁、洋地黄等），饮一杯浓茶可使茶叶中的鞣酸与毒物结合沉淀，延迟毒物的吸收，以利抢救。民间用茶叶来治病、健身的事例很多。传说乾隆皇帝到湖南、福建等地品尝了

"君山银针""大红袍""铁观音"等名茶后,又听了老百姓中有饮茶而长寿之例,晚年嗜茶如命,在他退位时,一位老臣惋惜地说"国不可一日无君",皇帝听了哈哈大笑,用手抚摸胸前白须说:"君不可一日无茶!"乾隆做了60多年皇帝,退位后就到设有饮茶亭的御花园中悠闲品茶,安度晚年,活到88岁高龄。

不同品种的茶叶需用不同温度的开水冲泡,乌龙茶、红茶需用沸滚的100℃的开水冲泡,绿茶就只需70℃左右沏泡,而且也不宜加杯盖,否则茶叶会闷黄,减少香味,在用茶方面,有人喜欢用茶水来服药,这是不好的,因为茶叶中的鞣酸与药物中的蛋白质、生物碱及重金属、盐等会起化学作用,发生沉淀,影响药物疗效,甚至失效。也有人喜欢在酒后喝茶,认为这对解酒有效,其实从中医学观点来看,酒后饮茶会将酒性驱于肾,从而导致小便浑浊、阳痿等症状。此外,溃疡病人也不宜多饮茶,尤其是十二指肠病患者更不宜多喝,否则,茶水会使胃酸分泌增多,不利于肠溃疡的愈合;在民间对如何饮茶、用茶,流行有这样的口诀:烫茶伤人,姜茶治痢,糖茶和胃,饭后茶消食,午茶助精神,晚茶致不眠,空心茶令人心慌,隔夜茶伤脾胃,过量茶使人消瘦,淡温茶清香养人。

第二节　酒水准备及开瓶

一、斟酒前的准备

1.备酒

从库房领取不多于两天平均销售量的酒水,将瓶身擦净,注意观察商标是否完整。

从外观上检查酒水质量:酒水内有无沉淀物、悬浮物、浑浊现象等,瓶身有无破裂。

将酒水分类,并合理摆放。

2.冰镇酒水(降温)

冰镇酒水的目的是使酒水达到最佳饮用温度,白葡萄酒、玫瑰露酒、香槟酒、汽水和果蔬汁在斟倒前应冰镇。白葡萄酒的最佳饮用温度为8℃~12℃，香槟酒和葡萄酒的最佳饮用温度为4℃~8℃，啤酒和软饮料的最佳饮用温度为4℃~8℃。

冰镇酒水可用冰箱冷藏冰镇或用冰块冰镇；冰块冰镇时，需准备好需要冰镇的酒品和冰桶，并用冰桶架放在餐桌一侧，桶中放入冰块，冰块不宜过大或过碎，将酒瓶插入冰块中，一般10分钟后即可达到冰镇效果；此外，要对杯具进行降温处理，即冷酒用冷杯，其方法有：在冰箱内冷藏杯具或溜杯，在溜杯时服务员手持酒杯的柄部或下部，在杯中放入一小块冰，转动酒杯，以降低杯子的温度。

3. 温酒（升温）

温酒是使酒水达到最佳饮用温度，如黄酒和清酒的最佳饮用温度为60℃。温酒的方法有水烫、烧煮、燃烧、将热饮料冲入酒液或将酒液注入热饮料中。

4. 示酒（验酒）

验酒的目的证明一下酒品的可靠、避免差错、表示对宾客的尊敬、增添餐厅的气氛；验酒也标志着斟酒服务操作的开始。

示酒时，服务人员站在点酒宾客的右侧，左手持折叠好的餐巾包托着瓶底，右手扶瓶颈，酒标朝向宾客，让宾客辨认商标、品种。非冰镇的酒水在示酒过程中，也可以不使用餐巾。

5. 准备酒杯

不同的酒要配不同的酒杯，服务员摆台前应仔细检查每一只酒杯，看其是否清洁卫生。

擦拭酒杯时，先把酒杯在水蒸气里蒸一下，然后用干净的口布裹住酒杯里外擦拭，直至光亮无痕迹为止。

6. 开启酒水

使用正确的开瓶器具，开瓶时动作要轻，尽量减少瓶体的晃动。开启瓶塞后，要用干净的布巾仔细擦拭瓶口，检查瓶中酒液是否有质量问题，检查时可以嗅闻瓶塞插入瓶内的那部分气味是否正常。

开瓶后的封皮、木塞、盖子等杂物，可以放在小盘子里，操作完毕一起带走，不要留在宾客的餐桌上。

7. 滗酒

准备一只滗酒瓶、一支蜡烛，轻轻倾斜酒瓶，使酒液慢慢流入滗酒瓶中，注意动作要轻，不要搅起瓶底的沉淀物；对着烛光操作，直到酒液全部滗完，然后手持滗酒瓶，进行斟酒服务。

二、不同酒的开启方法

（一）酒类开启的一般要求

（1）正确选用开酒器：开酒器分两大类：一是专门开启木塞瓶的螺丝拔；也叫酒钻；另一种是专门开启瓶盖的扳手，也叫酒启子。

（2）开酒动作：开酒一般都由服务员在操作台上进行，服务员要注意站立姿势、握拿开酒器方法及开酒时的手法，动作应正确、规范、优美。开酒后，应注意酒品卫生、酒具整洁。

（3）开酒应备的辅助用品：开酒除了应备有酒钻、酒启子外，还应备有小钳子、小刀、盛装瓶塞瓶盖的盒子以及包或垫酒瓶的巾布等。

（二）开瓶的基本程序

（1）开塞前应避免酒体晃动，否则汽酒会造成冲冒现象，陈酒会造成沉淀物窜腾现象。

（2）将酒水瓶揩拭干净，特别是将塞子屑和瓶口部位擦干净。

（3）检查酒水质量，如发现瓶子破裂或酒水中有悬浮物、浑浊沉淀物等质变现象，应及时调换。

（4）开启的酒瓶酒罐应该留在客人的餐桌上，下面须用衬垫，以免弄脏台布。

（5）开启后的封皮、木塞、盖子等物不要直接放在桌上，应在离开时一并带走。

（三）常见酒水的开启

1. 葡萄酒开瓶方法

开启葡萄酒时要先用洁净的餐巾把酒瓶包上，再用葡萄酒酒刀划开瓶口处的封纸，划的时候只转酒刀，不转酒瓶，用干净口布擦拭瓶口。用酒钻对准酒塞中心点慢慢向下旋转，当钻至软木塞的3/4处时停止。以酒刀支架于瓶口处，左手扶稳支架，右手向下压酒钻把手，利用杠杆原理将酒塞拔出，用餐巾将瓶口擦干净。

在开瓶过程中，动作要轻，以免摇动酒瓶时而将瓶底的酒渣泛起，影响酒味。开瓶前，应持瓶向宾客展示。

2. 香槟酒的开瓶方法

香槟酒因瓶内有较大的气压，故软木塞的外面套有铁丝帽以预防软木塞被弹出。

开瓶时首先将瓶口的锡纸剥除，用右手握住瓶身，以 45°的倾斜角拿着酒瓶并用大拇指紧压软木塞，右手将瓶颈外面的铁丝圈扭弯，一直到铁丝帽裂开为止，然后将其取掉；同时，用左手紧握软木塞，并转动瓶身，使瓶内的气压逐渐地将软木塞弹挤出来。转动瓶身时，动作要既轻又慢。开瓶时要转动瓶身而不可直接扭转软塞子，以防将其扭断而难以拔出；注意开瓶时，瓶口不要朝向宾客，以防在手不能控制的情况下，软木塞爆出。如已溢出酒沫，应将酒瓶呈 45°斜握。

3. 烈性酒开瓶方法

烈性酒的封瓶方式及其开瓶方法有两种：

①如果酒瓶是塑料盖或外部包有一层塑料膜，开瓶时先用火柴将塑料膜烧溶取下，然后旋转开盖即可。

②如果酒瓶是金属盖，瓶盖下部常有一圈断点，开瓶时用力拧盖，使断点断裂，便可开盖，如遇有断点太坚固，难以拧裂的，可先用小刀将断点划裂，然后再旋开盖。

4. 罐装酒品开罐方法

一些带汽的饮品常以易拉罐的形式封装，开启易拉罐时应注意以下几点。

①开启时只要拉起罐顶部的小金属环即可。

②服务者在开启易拉罐时，应将开口方向朝外，不能对着客人，并以手握遮，以示礼貌。

③开启前要避免摇晃。啤酒开启时用一般酒启打开即可，注意不要用力过猛，以免撒落玻璃渣；罐装气体饮料在开启时开口处不要对着客人，避免喷洒出饮料。

第三节　斟　酒

在餐饮服务中，需由服务员为宾客斟酒。尤其是酒水的品种较多，斟酒技艺要求较高，要做到不滴不洒、不少不溢。

一、斟酒的姿势

服务员斟酒时，左手持一块洁净的餐巾随时擦拭瓶口，右手握酒瓶的下半部，将酒瓶上的商标朝外显示给宾客，让宾客一目了然。斟酒时，服务员站在宾客的右后侧，面向宾客，将右臂伸出进行斟倒。身体不要贴靠宾客，要掌握好距离，以方便斟倒为宜。身体微前倾，右脚伸入两椅之间，这是最佳的斟酒位置。

二、斟酒的方式

斟酒前的准备工作。在斟酒前须将酒瓶擦拭干净，特别是瓶口部位。检查酒水质量，如发现瓶子破裂，或酒水中有悬浮物、浑浊、沉淀时，应及时调换。开葡萄酒时，服务员先用洁净的餐巾把酒瓶包上，然后切掉瓶口部位的锡纸，并揩擦干净，用开酒钻的螺旋锥转入瓶塞，将瓶塞慢慢拔出，再用餐巾将瓶口擦干净。

三、斟酒的方法

斟酒的方法主要有两种：一是桌斟，是指将酒杯放在餐桌上的斟酒方式，瓶口不宜接触杯口，以免发出声响。二是捧斟，指一手握瓶，一手将酒杯捧在手中斟酒的方法。

开瓶后，将瓶口处的锡纸撕掉（若有的话）并用餐巾将瓶口和瓶颈处仔细擦干净，以免倒酒时造成污染。用餐巾布（没有餐巾布时用干净的餐巾纸代替）包住瓶身防止斟酒的时候打滑，然后双手或单手握住瓶身的中部或下半部。对着酒杯中心斟酒，不要沿着杯壁。瓶口不要碰到酒杯，比较适宜的距离是瓶口离杯肚底部的距离约 15~25 厘米（这样能使葡萄酒充分地接触到空气，彻底发展葡萄酒的风味）。斟酒时要控制好量，要不然不好摇杯。在快要斟好酒时，轻轻逆时针转一下瓶口，让酒液自然停止流出。斟完一杯酒时，要用干净的餐巾纸或口布将瓶口擦干净再斟下一杯酒。

四、斟酒的服务规范

中国有句俗语——倒酒满杯，茶倒半杯，但是从礼仪上讲应倒七分满，这样端起酒杯时酒液不容易洒出溢出。白酒、米酒一般七分满；啤酒则是八分酒液二分泡沫，泡沫不外溢。中餐斟倒各种酒水，一律以七分满为宜，以示对客人的尊重，红葡萄酒应斟至杯的三分之一，白葡萄酒应斟至杯的三分之二，斟香槟酒和啤酒时要分两次进行，先斟至杯的三分之一，等泡沫平息后，再斟至杯的三分之二。先宾后主、先女后男是斟酒顺序。以中餐为例，应从主宾位置开始，顺时针方向，依次斟倒，直至主人。

五、斟酒应注意事项

斟酒时，瓶口不可搭在酒杯口上，以相距 2 厘米为宜，以防止将杯口碰破或将酒杯碰倒。但也不要将瓶拿得过高，过高则酒水容易溅出杯外。斟酒时，要随时注意瓶内酒量的变化，以适当的倾斜度控制酒液流出速度。因为瓶内酒量越少，流速越快，酒流速过快容易冲出杯外。

斟啤酒时，因为泡沫较多，极易沿杯壁溢出杯外。所以，斟啤酒速度要慢些，也可分两次斟或使啤酒沿着杯的内壁流入杯内。

由于操作不慎而将酒杯碰翻时，应向宾客表示歉意，立即将酒杯扶起，检查有无破损。如有破损要立即另换新杯，如无破损，重新斟酒。如果是宾客不慎将酒杯碰破、碰倒，服务员也要这样做。

1. 主宾位置划分

主人一般向着餐厅的正门，面向正门上方或者正对包厢门的为主人位，副主人位在其对面，主宾位在主人位右侧第一位，副主人位右手边第一位为副主宾位。火锅餐厅里许多宾客都没有按此座位入席，因此服务员应注意察言观色，迅速确定主人和主宾。若确实拿捏不准，可以按照老人优先，女士优先的原则进行服务。

2.斟酒前的准备

（1）严格检查酒水的质量。如：瓶子有无破损，酒液是否满瓶，酒水里有无沉淀物和异物。

（2）用洁净的巾布把瓶子擦拭干净，尤其是夏天冷冻的啤酒。

（3）根据客人所点的酒水，准备好酒杯。

3.示瓶和开瓶

（1）站在点酒宾客的右侧礼貌地请客人确认所点的酒水和数量。

（2）手势：左手托住瓶底，右手扶住瓶颈，商标朝示宾客，说出酒水的名称，并询问宾客是否开启。

（3）数量若干的啤酒或白酒、饮料等应询问宾客先开几瓶。

（4）所有酒水都应背对客人开酒，红酒和高档白酒可以在备餐柜上开瓶。

（5）开瓶时动作干净利落，声音轻微。瓶盖不要乱扔，无用的丢在垃圾桶里；红酒和白酒的包装与瓶盖应保管好，餐后宾客无需要时才能丢弃。

（6）带气体的酒水尤其应注意开瓶的轻微，避免酒液溢出。

（7）严禁用筷子、牙齿或桌边磕开瓶。

4.斟倒顺序

服务员应站于宾客的右后侧，当宾客入座后，从主宾开始朝顺时针方向依次进行，若两位服务员同时服务，则一位从主宾开始，另一位从副主宾开始，按顺时针方向进行。

5.斟倒姿态

身体微向前倾，右脚伸入两椅之间，左脚微上踮起，左手背于身后（如持口布，每斟倒一杯酒可以用口布擦拭），右手持酒瓶斟倒；如果左手持托盘，斟酒时托盘应展开；服务员与客人身体不准接触。

6.斟酒要领

（1）右手握酒瓶下部1/3处，商标朝外显示给客人，瓶身不搭酒杯，相距2厘米为宜。

（2）斟酒除红酒外，其余以七分满为宜，当斟至适当酒量时万不可突然抬起瓶身，而应稍停一下，并旋转瓶身90°，抬起瓶口，使最后一滴酒随着瓶身的转动均匀分布在瓶口沿上，避免酒水滴洒在客人身上。

（3）斟红酒时，应先用口布包瓶，防止酒水流出瓶口，缓缓向杯中斟倒，一般以1/3为宜。

（4）注意控制斟倒速度，瓶内酒量越少，流速则越快，容易溢出，尤其是啤酒和其他气体饮料，斟酒速度应较慢进行。当啤酒与其他饮料混合时，要先倒饮料后倒啤酒。

【实训12】开启酒瓶训练

|实训目标|

通过组织学生课前阅读资料，学生能了解酒的种类和特点；以开启葡萄酒瓶为例，通过教师示范以及学生练习，学生能掌握斟酒的动作要领、方法、标准和顺序，能够熟练进行斟酒操作。

|课前准备|

多媒体投影设备、有关中餐摆台的相关PPT、图片；录像设备，如手机、录像机等；要求学生课前通过阅读书籍、网络搜索等途径学习开启酒瓶的相关理论知识。

|实训准备|

物品准备：各式葡萄酒开酒钻共20个、葡萄酒瓶40个（可用啤酒瓶内装清水，塞上软木塞代替）、干净口布10块等。

场地准备：能容纳30~40人进行技能训练的酒店餐厅或学校实训室。

分组安排：将学生两人分为一组，其中1人进行练习，1人辅助进行准备并记录，轮流进行。

|实训课时|

1课时。

|任务与训练方法|

（1）教师按规范和要求示范开启葡萄酒瓶。

（2）教师强调在开启葡萄酒的过程中要注意：使用小刀去包装时要小心，以免弄伤手指；使用开酒钻时要将钻头对准软木塞的中心点下钻，并慢慢用力旋转；当钻头钻入软木塞的 3/4 处时停止，不要钻透，否则木屑会掉入酒中；拔出的瓶塞要倒放置于小碟中，开启酒瓶时动作要轻稳，不要摇晃瓶身。

（3）学生以小组为单位进行模仿学习和训练，边训练边总结。

（4）小组成员相互之间进行互查互纠，进一步明确各步骤的动作要领。

（5）小组内派代表进行技能展示与交流。

（6）教师巡回检查和指导；老师提醒学生交换开瓶器，学会多种开瓶器的使用方法。

|实训活动评价|

见表 7-2。

表 7-2　开启酒瓶训练评价表

小组成员					
考评地点					
考评内容	开启酒瓶技能				
考评标准	评价指标	分值/分	自我评价/分	小组评议/分	实际得分/分
	清洁酒瓶	5			
	去瓶口包装	10			
	擦瓶口	5			
	酒钻的使用	40			
	瓶塞完整	10			
	放置瓶塞	5			
	揩擦瓶口	5			
	动作轻、规范	10			
	姿势优美、表情恰当	10			
	合计	100			

总得分 = 自我评价分 ×40%＋小组评议分 ×60%；考评满分为 100 分。

【实训 13】托盘斟酒训练

|实训目标|

以斟葡萄酒为例，经过老师的讲解和示范，学生能够知道斟葡萄酒的基本动作要领和注意事项；经过单个练习、分组练习、自我评价、小组评价等教学环节，学生能够掌握托盘斟酒的要领。

|课前准备|

多媒体投影设备、有关托盘斟酒的相关 PPT、图片；录像设备，如手机、录像机等；要求学生课前通过阅读书籍、网络搜索等途径学习托盘斟酒的相关理论知识。

|实训准备|

物品准备：葡萄酒瓶（可用啤酒瓶代替）若干、托盘 20 个、葡萄酒杯若干、干净口布 20 块等。

场地准备：能容纳 40 人进行技能训练的酒店餐厅或学校实训室。

分组安排：将学生两人分为一组，其中 1 人进行练习，1 人辅助进行准备工作或进行提醒、评分，一人训练完成后互换角色轮流练习。

|实训课时|

2 课时。

|任务与训练方法|

（1）教师按规范和要求示范斟葡萄酒。教师向学生强调：在斟酒中，要面带笑容，姿势优美，注重"客人"的存在性；托盘不能停在餐椅上方，应在餐椅后上方，并保持托盘的平稳；握瓶时酒水的商标应朝向客人；回瓶时要注意应在酒杯口上方进行，以避免酒水的滴酒；斟倒酒水必须斟完一杯换一个位置，不能在同一个位置给左右两位客人斟酒；

（2）要有序组织训练，防止意外发生；注意对酒瓶、酒杯等易碎物品的使用。

（3）学生以小组为单位进行模仿学习和训练；小组成员相互之间进行互查，纠正斟酒姿势、斟酒量等内容，进一步明确斟酒的各项动作要领和技巧；小组内派代表进行斟酒技能展示与交流。

（4）教师巡回检查和指导。

|实训活动评价|

见表7-3。

表7-3　托盘斟酒训练评价表

小组成员					
考评地点					
考评内容	托盘斟酒服务技能				
考评标准	评价指标	分值/分	自我评价/分	小组评议/分	实际得分/分
	仪容	5			
	托盘姿势	10			
	握瓶姿势	5			
	斟酒姿势及位置	5			
	斟酒顺序	5			
	瓶口距杯口距离	5			
	回瓶动作	5			
	斟倒量控制	20			
	无倒杯现象	10			
	无滴洒现象	20			
	表情轻松	5			
	斟酒速度合适	5			
	合计	100			

总得分 = 自我评价分 ×40%+ 小组评议分 ×60%；考评满分为 100 分。

【实训 14】徒手斟酒训练

|实训目标|

以斟白酒为例，经过老师的讲解和示范，学生能够知道斟白酒的基本动作要领和注意事项；经过单个练习、分组练习、自我评价、小组评价等教学环节，学生能够掌握徒手斟酒的要领。

|课前准备|

多媒体投影设备、有关托盘斟酒的相关 PPT、图片；录像设备，如手机、

录像机等；要求学生课前通过阅读书籍、网络搜索等途径学习徒手斟酒的相关理论知识。

|实训准备|

物品准备：白酒瓶若干、托盘 20 个、干净口布 20 块等。

场地准备：能容纳 40 人进行技能训练的酒店餐厅或学校实训室。

分组安排：将学生两人分为一组，其中 1 人进行练习，1 人辅助进行准备工作或进行提醒、评分，一人训练完成后互换角色轮流练习。

|实训课时|

1 课时。

|任务与训练方法|

教师按规范和要求示范斟白酒。

学生以小组为单位进行模仿学习和训练，小组内成员相互之间进行互查，纠正斟酒姿势、斟酒量等内容，进一步明确斟酒的各项动作要领和技艺。

小组内派代表进行斟酒技能展示与交流。

教师巡回检查和指导，教师在巡视中向学生强调以下几个方面：在斟酒中，要面带笑容，姿势优美，注重"客人"的存在性，不能将手搭放在椅背上；握瓶时酒水的商标应朝向客人；回瓶时要注意应在酒杯口上方进行，以避免酒水的滴洒；斟倒酒水必须斟完一杯换一个位置，不能在同一个位置给左右两位客人斟酒；要有序组织训练，防止意外发生；注意对酒瓶、酒杯等易碎物品的使用。

|实训活动评价|

见表 7-4。

表 7-4　徒手斟酒训练评价表

小组成员					
考评地点					
考评内容	徒手斟酒服务技能				
考评标准	评价指标	分值/分	自我评价/分	小组评议/分	实际得分/分
	仪容	5			
	握瓶姿势	5			
	斟酒姿势及位置	10			
	斟酒顺序	10			
	瓶口距杯口距离	10			
	回瓶动作	10			
	斟倒量控制	20			
	无倒杯现象	10			
	无滴酒现象	10			
	表情轻松	5			
	斟酒速度合适	5			
合计		100			

总得分＝自我评价分×40%＋小组评议分×60%；考评满分为100分。

第八章 上菜与分菜服务

上菜、分菜是餐厅服务人员的基本功,是中餐零点餐服务和宴会服务中不可缺少的内容。在中餐零点餐和各类宴会服务中熟练掌握上菜、分菜的技艺,不仅可以让客人适时品尝美味佳肴,也可以让客人领略美味佳肴中的饮食文化,而且高超、娴熟、优美的上菜、分菜技艺还能带给客人以赏心悦目的艺术享受,给席间就餐增添喜庆气氛。

第一节 上菜服务

餐饮服务中,厨房做好的菜品由传菜员送至餐厅后,由餐厅值台服务员按要求将菜肴摆放上桌。上菜服务整个过程中应按客人的风俗习惯而定。一般上菜服务顺序是:先上冷菜后上热菜,热菜先上海鲜名贵菜肴,再上肉类、禽类、整形鱼、蔬菜、汤、面、饭、甜点,最后上水果。中餐零点或宴会上菜时,对于不方便客人取用的汤、炒饭、炒面和整形的鸡、鸭、鱼类等菜肴,服务人员应帮助客人分派或剔骨。

一、中餐上菜服务

1.上菜的位置

零点餐上菜服务比较灵活,服务人员应注意选择比较宽敞的位置上菜,以不打扰客人为宜。不要从老年人和小孩、穿着时尚的女性身边进行上菜,中餐宴会上菜选择在翻译和陪同人员座位之间,严禁在主人和主宾之间上菜,且应固定一个上菜口。

2. 上菜时机

零点餐上菜冷盘应在客人点菜 10 分钟之内上桌，20 分钟之内上热菜，30 分钟左右上完全部菜品，也可根据宾客要求灵活上菜。

宴会上菜掌握好时机，冷盘可在开席前 5 分钟上好，宾客入座开席后传菜员即可通知厨房准备出菜。上热菜要注意宾客进餐情况，并控制上菜、出菜的节奏。宾主正式讲话、致词、敬酒时不能上菜，以免影响宴会气氛。

3. 上菜顺序

上菜顺序一般是：第一道上凉菜；第二道上主菜；第三道上热菜；第四道上汤菜；第五道上甜菜，随后上点心，最后上水果。

上菜原则一般是：先冷后热；先菜后点；先咸后甜，先炒后烧，先清淡后肥厚，先优质后一般。

中式粤菜上菜顺序不同于其他菜系，是先上汤后上菜。

4. 上菜要求

（1）上菜时，若桌面上菜盘较多而使下一道菜无法放下时，服务员应征求客人的意见，将剩菜量较少的菜肴换成小盘或分派给客人，然后再上新的菜肴，切忌将新上的菜压在其他菜盘上。

（2）如遇汤羹、面条时，服务员应主动为客人分让。上带壳的菜肴要跟上小毛巾或洗手盅，盅内温水约七成，加花瓣或柠檬片以解油腥。

（3）所有菜品上齐后应礼貌地告诉客人："您的菜已上齐了，请慢用！"

（4）如某道菜迟迟未上，应及时向厨房查询，并向客人表示歉意："对不起，您久等了"。或"真抱歉，耽误您很长时间。"

（5）如发现宾客餐桌上的菜肴快吃完时，服务员应主动询问宾客是否需要添加。

（6）如果宴会客人全部停筷后，应迅速撤去盘、碗、碟、筷，换上干净的布、碟、刀、叉，接着送上水果。同时应上香巾，供客人净手拭汗。

（7）如果有小孩同桌就餐，一定要将热菜、汤羹远离孩子并提醒家长注意。

（8）如一桌有几批客人，各自的菜肴摆放要相对集中，相互之间有一定的距离，上菜时应核实清楚菜单，以免发生错误。

上菜要领：徒手端菜盘的方法是：食指、中指、无名指勾菜盘的底边棱，拇指翘起稳压盘边，以正常步速至桌前，保持菜盘平稳，然后按上菜位置轻轻上桌。

5. 摆菜要求

上菜过程中要注意菜品摆放的位置，各种菜品应对称协调摆放。以尊重主宾、注意礼貌、方便食用、讲究造型为原则。

摆菜的位置要适中，摆菜要和桌面的小件餐具保持一定距离，以免转动转盘的时候将餐具、杯具打翻。上菜前将桌上调整好，留出所上菜品的大致位置，然后侧身插入桌边，用右手端菜盘上桌，再用右手掌心向上介绍菜名。

（1）摆放冷菜。冷菜分为主冷菜和一般冷菜。主冷菜如拼盘、工艺冷菜等应摆在餐桌的中央，并根据菜品的造型选择最佳看面对准主位。一般冷菜对称摆放在主冷菜的四周，注意菜品荤素、颜色、口味的搭配摆放，盘与盘之间距离相等。

（2）比较高档的菜，有特殊风味的菜，要先摆在主宾位置上，在上下一道菜后再顺势撤摆在其他位置。

（3）酒席中的头菜，其看面要对准主位，其他菜的看面要朝向四周。菜肴所谓的看面，就是易于观赏的一面，各类菜的看面是：整形有头的菜肴，如烤乳猪等；头部被隐藏的整形菜肴，如烤鸭、白切鸡等，就以丰满的身子为看面。

（4）各种菜肴要对称摆放，要讲究造型艺术。对称摆放的方法是：从菜肴的原材料、色彩、形状、器具等几个方面考虑，如：鸡可对鸭，鱼可对虾等。同颜色、形状的菜肴要错开摆放。

一般拼盘、大菜或头菜应摆在桌子的正中间，汤菜（如砂锅、锅仔等）一般也摆在桌子的正中间。

（5）摆放热菜

热菜为主热菜和一般热菜。主菜摆放在餐桌的中央，供所有客人欣赏和食用。高档菜品或有特殊风味的菜品要先摆在主宾的位置上。其他一般热菜也应按口味、荤素、盛器、造型等对称摆放。每上一道热菜前，都需将餐桌上的菜品做位置上的调整与撤换，让台面始终保持整齐美观。

菜盘摆放的艺术可以参考：一中心，二平行，三角形，四方形，五梅花，六个菜以上都以汤或大拼盘为圆心，摆成圆形。

二、中餐上菜操作程序与标准

1. 检查菜品

服务员看到传菜员托送菜品走到自己工作区域内的餐桌旁时，应快步上前迎接，并检查菜品是否与客人所点一致。

2. 端送菜品

上菜时，餐厅服务员将菜肴放在托盘内端至桌前，左手端托盘，右脚在前，插站在上菜口两位客人之间的餐椅间，侧身用右手上菜。上菜时应说："对不起，打扰一下。"以提醒客人，防止碰撞而发生意外。如果是汤菜或温度较高或菜盘较大，可双手上菜。

3. 报菜名

服务员把菜品送到转台上，顺时针方向旋转一圈，等客人观赏菜品后，转至主宾面前，后退一步，报清菜名，必要时（如是本餐厅特色菜或风味菜）应介绍菜品特色，特殊菜品还要介绍食用方法，然后请客人品尝。

4. 摆菜

将新菜放在主宾面前，残菜应随时撤下，菜盘及时调整，注意盘与盘之间的距离均匀一致，保持台面整洁美观。如菜肴有调、配料，应先上调、配料，再上新菜。凡有头型的菜品应注意朝向。

5. 上汤时应在汤盆内加放大号汤勺，方便客人食用

三、西餐上菜

1. 西餐上菜顺序与酒水搭配

在西餐中，人们讲究在用餐之前饮用一杯具有开胃作用的酒水，如味美思酒（Vermouth）、雪利酒（Sherry）等都是具有开胃功能的酒品。在就餐过程中，讲究享用不同的菜肴时配饮不同的酒水，具体酒品根据所点的菜肴进行搭

配选用。

（1）头盆

头盆是西餐中的第一道菜，也称开胃菜。一般有冷头盆和热头盆之分，常见的品种有鱼子酱、鹅肝酱、熏鲑鱼、奶油鸡酥盒。头盆味道以咸和酸为主，作为开胃菜一般都具有特色风味，而且数量较少，质量较高。

头盆主要选用低度、干型的白葡萄酒。如法国阿尔萨斯的白葡萄酒、法国勃根地的白葡萄酒。

（2）汤

与中餐有极大不同，西餐的第二道菜就是汤。西餐的汤大致可分为清汤、奶油汤、蔬菜汤、冷汤四类。品种有牛尾清汤、海鲜汤、各式奶油汤、俄式罗宋汤、意式蔬菜汤、法式葱头汤。冷汤的品种较少，主要有德式冷汤、俄式冷汤等。

汤类一般不用配酒，也可以配较深色的雪利酒和玛德拉酒，如西班牙生产的雪利葡萄酒（Sherry），也有人认为不同的汤应配用不同的酒水，如牛尾汤配雪利酒，蔬菜汤配干味白葡萄酒。

（3）副盆

西餐的第三道菜是副盆，一般为鱼类菜肴。品种包括各种淡、海水鱼类、贝类及软体动物类。通常水产类菜肴与蛋类、面条类、酥盒类菜品均称为副菜。因为鱼类等菜肴的肉质鲜嫩，比较容易消化，所以放在肉类菜肴的前面。西餐吃鱼类菜肴讲究使用专用的调味汁，品种有邀靶汁、荷兰汁、大主教汁、酒店汁、白奶油汁、美国汁等。

相配的酒品有干白葡萄酒、淡味玫瑰葡萄酒或低度干红葡萄酒。如德国的莱茵白葡萄酒、美国的加州葡萄酒、法国的布多斯白葡萄酒。

（4）主菜

西餐的第四道菜是肉类和禽类菜肴，也称为主菜。肉类菜肴原料是取自牛、羊、猪等各个部位的肉，其中最有代表性的是牛肉或牛排，牛排按其部位又可分为沙朗牛排（又称西冷牛排）、菲利牛排、"T"骨型牛排、薄牛排等。其烹调方法常用烤、煎、铁扒等。肉类菜肴配用的调味汁主要有西班牙汁、蘑菇汁、浓烧汁精、白尼斯汁等。

禽类菜肴的原料取自鸡、鸭、鹅，通常将兔肉和鹿肉等野味也归入禽类菜肴。禽类菜肴品种最多的是鸡，有火鸡、山鸡、竹鸡，可煮、可炸、可烤。主要的调味汁有黄肉汁、奶油汁等。

主菜在酒品搭配上有多种讲究，归纳起来：小牛肉、鸡肉等白色肉类最好搭配酒度不太高的干红葡萄酒，牛肉、羊肉和火鸡等红色肉类最好选用酒度较高的红葡萄酒。

（5）蔬菜类菜肴

蔬菜类菜肴可以安排在肉类菜肴之后，也可以与肉类菜肴同时上桌，可以算为一道菜或称之为一种配菜。蔬菜类菜肴在西餐中称为沙拉。与主菜同时食用的沙拉，称为生蔬菜沙拉，一般用生菜、黄瓜、芦笋等制作。沙拉的主要调味汁有醋油汁、法国汁、千岛汁、奶酪沙拉汁等。沙拉除了蔬菜之外，还有一类是用鱼、肉、蛋类制作的，这类沙拉一般不加调味汁，在进餐顺序上可以作为头盘食用。还有一些蔬菜是熟食，如煮菠菜、花椰菜、炸土豆条。熟食的蔬菜通常是与主菜的肉禽类菜肴一同摆放在餐盘中上桌，称之为配菜。

（6）甜品

西餐的甜品是在主菜后食用的，它包括主菜后所有的食物，如布丁、煎饼、冰淇淋、奶酪、水果等。

甜品一般配用甜葡萄酒或葡萄汽酒，有德国莱茵白葡萄酒、法国的香槟酒等。

（7）咖啡、茶

西餐的最后一道是上罐装饮料、咖啡或茶。饮咖啡一般要加糖和淡奶油。茶一般要加香桃片和糖。

饮用咖啡、茶时，与其相配的餐后酒可选用各种餐后甜酒、白兰地酒等。

在西餐就餐过程中，香槟酒和玫瑰露葡萄酒可以搭配任何菜肴饮用。

2.西餐上菜服务

西餐就餐采用的是分食制，在上菜服务过程中，应遵循先女宾后男宾，先宾后主的服务顺序。西餐上菜的服务具体操作方法有：法式服务、俄式服务、美式服务、英式服务、自助式服务。

（1）法式服务

法式服务是一种最为周到的服务方式，法式服务是由西查·李兹于 20 世纪初发明的一种用于豪华饭店的服务方式，故又称"李兹服务"。由两名服务员共同为一桌客人服务，一名为经验丰富的专业服务员，另一名为服务员助手。

法式服务的中所有食物在厨房进行初加工，然后用带有热装置的手推车，将食物的半成品、成品推至餐桌边，由服务员当着客人的面进行烹制、切割装盘，然后由服务员助手从客人右侧送上每一道菜。上菜时，除黄油、面包、汁酱和配菜应从客人左侧送上，等一桌客人都用完后从右侧用右手撤盘。

法式服务的特点是讲究礼节，注重在客人面前进行切割和燃焰表演，能吸引客人的注意力和烘托餐厅气氛，服务周到，每位客人都能得到充分的照顾。但服务节奏缓慢，需配备足够人力，就餐费用较高，空间利用率和餐位周转率较低。

（2）俄式服务

俄式服务起源于俄国，通常由一名服务员为一桌客人服务，厨房出菜前，服务员先用右手从客人右侧顺时针送上空盘，冷菜用冷盘子，热菜用加温过的餐盘。然后从厨房将装好菜肴的大银盘托到客人面前，服务员左手垫餐巾托起银盘，姿态优雅地走到客人餐台边，向主人客人展示菜肴，随后站在宾客的左侧，用右手持服务叉匙，按逆时针方向依次将菜肴分派到宾客餐盘内。没有分派完的菜肴可重新送回厨房，以减少浪费。

俄式服务的特点是讲究优美文雅的风度，服务效率和空间利用率都较高，节省人力，大量使用银盘能增添餐桌的气氛，且每位客人都能得到较周到的服务。俄式服务主要用于西餐宴会服务。

（3）美式服务

美式服务又称"盘子服务"，食物在厨房由厨师按客人人数分别装盘，每人一份，然后由服务员直接端着送给客人。上菜时在客人右侧进行操作，用右手从客人右侧送上，撤盘时也从右侧进行。

美式上菜速度快，方法简便，空间利用率和餐位周转率都十分高。由于各项成本费用降低，用餐费用也相对较低。美式服务除了缺乏表演不能烘托气氛外，是西餐服务中最理想的一种服务方式。

（4）英式服务

英式服务家庭味浓，许多工作由客人自己动手，又称家庭式服务。在英式上菜程序里，服务员往往充当主人助手的角色，服务员先将加温后的空盘放在主人面前，再将装着整块食物的大盘从厨房中拿到餐桌旁并放在主人面前，由主人亲自动手切肉装盘并配上蔬菜。服务员把装好的菜肴依次端送给每一位客人。调味品和配菜由客人自取或相互传递。服务节奏缓慢，已不适合饭店西餐厅使用。

（5）自助式服务

自助式服务是指把事先准备好的食物陈列在食品台上，客人进入餐厅后支付一定的餐费，便可自己动手选择符合自己口味的菜品，然后拿到餐桌上用餐。自助式服务以客人自我服务为主，故又称为自助餐。特点是客人不必等候，菜肴品种丰富，餐位周转率高，节省人力和开支，效率高，价格适中，但给客人的个别照顾较少，多用于饭店咖啡厅早餐和午餐高峰。自助式服务近些年才在中国广泛流行起来。

四、特殊菜肴的上菜方法

1. 易变形的炸炒菜肴

菜肴一出锅应立即端上桌，上菜时要轻、稳，以保持菜肴特有的形状和风味。

2. 锅巴类声响菜肴

声响菜肴一出锅应以最快速度端上桌，随即把汤汁浇在锅巴上，使之发出响声。浇汁动作应连贯，否则会失去应有的效果。

3. 拔丝类菜肴

先用汤碗盛上热水，将装有拔丝类菜肴的盘子搁在汤碗上，用托盘端送上桌，并跟凉开水数碗。托热水上拔丝菜肴作用在于可防止糖汁凝固，保持拔丝类菜肴的风味。

4. 原盅炖品菜肴

原盅炖品菜肴端上桌后当着客人的面启封，以保持炖品的原汁原味，并使炖品的香气弥漫在餐桌上，启盖时要用右手将盖竖起，左手持一块干净的布巾或餐巾纸在下面接着水滴，以免汤水滴落在客人身上。

5. 泥纸包、荷叶包菜肴

对于泥纸包、荷叶包菜肴应先将菜肴端上桌供客人观赏，然后再拆开启封，以保持菜肴的香味和特色。

6. 铁板类菜肴

上菜时尤其要注意安全，既不要烫伤自己，更不能碰撞宾客，在向铁板内倒油、香料及菜肴时，离铁板要近，最好用盖护着，以免锅内油溅到客人身上。

7. 汤类、火锅、锅仔、铁板类菜肴

上菜时应该在下面放置垫盘。提醒客人注意安全，将菜肴放置在远离小孩的地方。

第二节　分菜服务

分菜服务也叫派菜或让菜，分菜服务既体现餐厅服务员的工作态度，又反映出餐厅的服务水平。现代分菜分为厨房分菜和席间分菜两种，在这里我们指的分菜一般指席间分菜。席间分菜就是在用餐标准较高或是客人身份较高的宴会上，每道菜肴均需分派给客人。中餐零点或宴会上菜时，对于不方便客人取用的汤、炒饭、炒面和整形的鸡、鸭、鱼类等菜肴，服务人员应帮助客人分派或剔骨。操作时，先将菜肴送至客人桌边，先请客人观赏，然后由服务人员均匀地为客人分菜分汤，又称派菜或让菜。中餐分菜的方式主要有转盘式分菜、旁桌式分菜、分叉分勺派菜和各客式分菜，几种方式可以结合起来使用。

一、分菜用具及使用方法

中餐宴会的分菜工具有服务叉（分菜叉）、服务勺（分菜勺）、公用勺、公用筷、长柄汤勺等。图8-1。

服务叉匙的使用方法：服务员操作时右手握叉柄和勺柄的后部、叉尖向上，勺面和上，右手食指插在叉柄和勺柄之间，与大拇指配合捏住叉把，用中指支撑勺柄，无名指、小指按在勺柄上面。

图 8-1　分菜工具

1. 服务叉、勺的使用方法

服务员右手握住叉的后部，勺心向上，叉的底部向勺心；在夹菜肴和点心时，主要依靠手指来控制；右手食指插在叉和勺把之间与拇指酌情合捏住叉把，中指控制勺把，无名指和小指起稳定作用；分带汁菜肴时用服务勺盛汁。

2. 公用勺和公用筷的用法

服务员站在与主人位置成 90° 角的位置上，右手握公用筷，左手持公用勺，相互配合将菜肴分到客人餐盘中。

3. 长把汤勺的用法

分汤菜，汤中有菜肴时需用公用筷配合操作。

二、分菜的操作要求

所有需要分派的菜品，都必须在宾客面前先展示一下，让客人看过一遍，并简单介绍菜名及其特色；征得客人同意后再拿下去派分；如果客人要求在台面上分，这时服务员可一人操作或两人配合，动作要干净、利索，千万要注意，不能把汤汁之类的东西滴到客人身上。

分菜服务要求如下：

（1）分菜前先将菜端上桌示菜并报菜名，用礼貌用语"请稍等，我来分一下这道菜"，然后再进行分派。

（2）用叉勺分菜时，左手托菜盘（菜盘垫口布），右手拿分菜用的叉勺，从主宾左侧开始，按顺时针方向绕台进行，动作姿势为左腿在前，上身微前倾。分菜时做到一勺准，不允许将一勺菜或汤分给二位客人，数量要均匀，可将余菜装小盘然后放桌上，以显示富余。

（3）分汤及一些难分派的菜时，可用工作台或服务间分菜法。在工作台上摆好相应的餐具，将菜或汤用分菜用具（叉、勺）进行均匀分派；菜分好后，从主宾右侧开始按顺时针方向将餐盘送上，并用礼貌用语："您请用。"注意要将菜的剩余部分，换小盘再上桌；有带盖的汤盆或砂锅或钵盅类，揭盖时在汤盆上方轻启，即将盖里朝上移去，以免盖里蒸气水分漏滴湿桌面及客人衣服的危险。

（4）在转盘分菜时，提前将与宾客人数相等的餐碟有序地摆放在转台上，并将分菜用具放在相应位置；用长柄勺、筷子或叉、勺分菜，全部分完后，将分菜用具放在空盘里；迅速撤身，从主宾右侧开始，按顺时针方向绕台进行，撤前一道菜的餐碟后，从转盘上取菜端给宾客；最后，将空盘和分菜用具一同撤下。

（5）服务员分菜时要注意手法卫生，动作利索、上量均匀、跟上佐料；服务员在保证分菜质量的前提下，以最快的速度完成分菜工作；一叉一勺要干净利索，切不可在分完最后一位时，菜已冰凉；带佐料的菜，分菜时要跟上佐料，并略加说明。

（6）为了吃得卫生、干净，提醒客人请使用公筷、公勺。

三、分菜方法

1. 转盘式分菜法

将餐盘摆放在转台上。核对菜品，从上菜口将菜肴送上餐桌，展示菜肴，报菜名。用长柄勺、筷子或分叉、分勺分派，全部分完后，将分菜用具放在空菜盘里。取托盘，从主宾右侧按顺时针方向撤去前一道菜的餐碟，然后将转盘上的菜肴端给客人。撤下空盘和分菜用具。

2. 旁桌式分菜法

核对菜品，从上菜口将菜肴送上餐桌，展示菜肴，报菜名并作简单介绍。将菜肴取下放在服务车或服务桌上分菜，操作时面对客人。将分好的菜肴从主宾右侧按顺时针方向送上。

3. 分叉分勺派菜法

核对菜品，从上菜口将菜肴送上餐桌，展示菜肴，报菜名并作简单介绍。撤下菜肴，左手用餐巾托垫菜盘，右手拿分菜用叉和勺，从主宾右侧按顺时针方向绕台进行分派。分菜时做到一勺准、数量均匀。

4. 各客式分菜

由厨房工作人员根据客人人数在厨房将菜肴分成一人一份，服务员派送菜肴时，从主宾位开始按顺时针方向送上，主要适用于羹类、汤类、炖品或高档宴会分菜。

四、分派菜具体操作

1. 中餐派菜服务程序

①派菜前向客人报出菜名并展示菜品。

②派菜服务员左手垫上餐巾将菜盘托起，右手拿派菜用的叉匙，腰部稍弯，稳站在客人的左侧，进行分派。

③派菜时呼吸均匀，边派菜边向客人介绍菜品的特色和风味，注意讲话时头部不要距离客人太近。

④分派要将菜的优质部位分给主宾，整形菜头尾不分。

⑤分派菜要准确均匀，每个餐位都一样分让，动作要轻快准。

⑥派完菜后要剩三分之一，换小盘带小勺，转到主人席前，以备再分。

⑦分菜顺序，先主宾然后主人，顺时针依次分派，做到不洒、不溢汁等，不能站在客人中间，左右分派。

⑧派菜时要做到一勺准，不可将一勺菜分给两位客人，更不允许从宾客盘

中向外拨菜。

2. 桌面分菜

准备工具：分鱼和禽类菜品时，准备一刀一叉一匙；分菜时准备匙、叉各一把或一双筷子、一把长柄匙。

分菜：由两名服务员配合操作，一名服务员分菜，一名服务员为客人送菜；分菜服务员站在副主人位右边第一位与第二位中间，右手执叉、匙夹菜，左手执长柄匙接挡，以防止菜汁滴落在桌面上或客人衣服上。

上菜顺序：主宾—主人—顺时针方向分送；特殊情况根据客人要求进行分菜。

3. 服务桌分菜

准备餐具：在客人餐桌旁放置服务桌，准备好干净的餐盘，放在服务桌的一侧，备好叉、匙等分菜用具。

展示：每当菜品从厨房传来后，服务员把菜品放在餐桌上，给客人展示，介绍名称和香色，然后放到服务桌上分菜。

分菜：分菜服务员在服务桌上将菜品均匀、快速地分到每位客人的餐盘中。

上菜：菜分好后，由服务员将餐盘从右侧送到客人面前，顺序与桌面分菜相同；当客人需要额外的调味品时，应尽量给予满足；服务员在餐中服务时不可倚靠家私；服务员在值台时也不可站在一个固定位置上不去巡台。

4. 分菜服务注意事项

（1）分菜时应注意手法卫生，不得将掉在桌上的菜肴拾起再分给客人。

（2）手拿餐碟的边缘，避免污染餐碟；服务员在分菜时动作要轻、快、准，切不可在分菜给最后一位客人时菜已冰凉。

（3）分菜时，服务员要做到心中有数，做到给每位客人的菜肴要大致等量。凡带骨的菜肴，骨与肉要分得均匀，头、尾、翼尖的部分不能分给客人。

（4）需要跟上调料的菜肴，分菜时要跟上调料并略加说明。

五、特殊菜肴的分派方法

1. 鱼类

分让鱼类菜肴时，要先剔除鱼骨。先将鱼身上的其他配料拨到一边，用餐刀顺脊骨或鱼中线划开，将鱼肉分开，剔除鱼骨后再将鱼肉恢复原样，浇上原汁，注意不要将鱼肉碰碎，要尽量保持鱼的原形。再用鱼刀将鱼肉切成若干块，按宾主先后次序分派，如是带鳞鱼块，要将带鳞的部分紧贴餐碟，鱼肉朝上。

2. 拔丝菜肴

分让拔丝菜肴时，必须配上凉开水。由一位服务员取菜分类，另一位服务员快速递给客人。分让时用公筷将菜肴夹起，迅速放入凉开水中浸一下，然后放入客人餐碟中，分让动作要敏捷、连贯，做到即拔、即上、即浸、即食。

3. 冬瓜盅

冬瓜盅是夏令名菜，带皮的炖品，由于瓜身高，一般要两次分派。第一次先用服务勺将冬瓜肉和盅内配料汤汁均匀地分给客人。由于分让后的瓜皮很薄，容易破裂，所以必须横切去上部分瓜皮后，再进行第二次分让。

4. 鸡、鸭等整形类菜肴

分让鸡、鸭等整形类菜肴时，先用刀、叉剔除骨头。分让时按鸡、鸭类菜肴的自身结构来分割及分派，要保持其形状的完整和均匀。一般头尾不分派，留在碟中，让客人自行取用，分让时，要把较好的部分分派给重要宾客，以显示客人的尊贵和服务的周到。

5. 分让肘子

分让肘子时，先用公筷压住肘子，然后用公勺或刀将肘子切成若干块，再按宾主次序分让。

6. 蛋煎制品

分让蛋煎制品时，先用公筷压住蛋饼，然后用公勺或刀将蛋饼扒成若干块，再按宾主次序分让。

7. 汤类菜肴

先将盛器内的汤分进客人的碗内，然后再将汤中的原料均匀地分入客人的汤碗中。

8. 造型菜肴

将造型菜肴均匀地分给每位客人。如果造型较大，可先分一半，处理完上半部分造型物后再分其余的一半。也可将食用的造型物均匀地分给客人，不可食用的，分完菜后撤下。如在家庭寿宴中分派蛋糕，就要保留具有代表意义的寿星造型保留给老人，并为老人祝寿。

9. 卷食类菜肴

卷食类菜肴一般情况是由客人自己取拿卷食；需要分菜服务时，服务员戴上食用标准的一次性手套将吃碟摆放于菜肴的周围；放好铺卷的外层，然后逐一将被卷物放于铺卷的外层上；最后逐一卷上，送到每位客人面前。

第九章　菜单的设计与制作

菜单是饭店餐厅提供商品的目录，是餐厅餐饮产品销售的品种、说明和价格的一览表，在餐厅的经营和销售中起着重要作用。

第一节　菜单概述

一、菜单的重要性

（一）菜单是饭店餐饮部门一切活动的总纲

1. 菜单是餐饮部门选择、购置餐饮设备的依据和指南

生产制作不同风味的菜点，需要有不同规模、类型的厨房设备。餐饮企业选择购置设备、炊具、工具和餐具，无论是它们的种类、规格还是质量、数量，都取决于菜单的菜式品种、水平和特色。

2. 菜单决定厨师及服务人员的技术水平和人数

菜单内容标志着餐饮服务的规格水平和风格特色，而要实现这些规格水平和风格特色，还必须通过厨房烹调和餐厅服务。

菜单除决定职工的技术水平要求以外，还决定职工的工种和人数。中、西餐兼备的菜单，各派名菜荟集的菜单，必然要求餐饮企业拥有一支庞大的、技术全面的职工队伍。

3. 菜单决定了食品原料采购和储藏工作的对象

菜单内容规定了采购和贮藏工作的对象，菜单类型在一定程度上决定着采购和贮藏活动的规模、方法和要求。

4. 菜单支配着所供应的膳食营养的含量

5. 决定了餐饮成本的高低

菜单在体现餐饮服务规格水平、风格特色的同时，也决定了企业餐饮成本的高低。

6. 影响厨房布局及餐厅室内装修和设计

厨房布局和餐厅装饰也同样受到菜单内容的影响。厨房是加工制作餐饮实物的场所，厨房内各业务操作中心的选址，各种设备、器械、工具的定位，应当以适合既定菜单内容的加工制作需要为准则。

（二）菜单反映了餐厅的经营方针

菜单是餐厅经营者和生产者通过对客源市场需求的分析以及竞争对手产品的研究后，结合本餐饮企业具体资源状况制定的，是餐厅经营方针和经营思想的具体体现。

（三）菜单标志着餐厅菜肴的特色水准

餐厅有各自的等级、风格特色和规格水准，菜单上的食品饮料的品种、价格和质量告诉客人本餐厅商品的特色和水准。

（四）菜单是沟通消费者和接待者之间的工具

菜单是连结宾客与餐饮服务的桥梁，起着促成买卖交易的媒介作用。

（五）菜单是研究食品菜类的资料

菜肴研究人员根据客人订菜的情况，了解客人的口味、爱好以及客人对本餐厅菜点的欢迎程度，从而不断地改进菜肴品种和服务质量，为餐厅盈利打下良好的基础。

（六）菜单既是艺术品又是宣传品

一份精心设计的菜单，装潢精美，雅致动人，色调得体，洁净靓丽，读起来赏心悦目，看起来心情舒畅，客人大多乐于欣赏和玩味。不仅如此，客人还愿意将精美的菜单带出餐厅、带回故里，与亲朋好友共同赏析。

二、餐饮菜单的分类

（一）以餐饮形式和内容分类

以餐饮形式和内容，可以把菜单分为早餐菜单、午餐菜单、晚餐菜单、宴会菜单、团体菜单、冷餐会菜单、自助餐菜单、特种菜单（如儿童菜单、家庭菜单等）、国际菜单（指异国风味餐饮菜单）、餐后甜品单、客房餐饮菜单、泳池茶座菜单、宵夜点心单等等。

（二）以市场特点分类

1. 固定菜单

固定菜单也称标准菜单。顾名思义，它是一种菜式内容标准化而不作经常性调整的菜单。

使用固定菜单的餐饮企业一般要求就餐宾客人数较多而且经常流动。旅游饭店、社会餐馆大多采用固定菜单，而对于学校、机关、工厂的食堂来说，则不宜使用这种菜单。

2. 循环菜单

循环菜单是按一定天数的周期循环使用的菜单。

使用循环菜单，饭店必须按照预定的周期天数制订一套菜单，即周期有多少天，这套菜单便应有多少份各不相同的菜单，每天使用一份。

这类菜单适宜旅游饭店团体餐厅、长住型饭店的餐厅，以及企业和事业单位食堂餐厅使用。

3. 当日菜单和限定菜单

当日菜单指仅供当日使用的菜单，也称即时性菜单。它既不固定，也无循环周期。这类菜单常为规模较小的餐饮企业采用，如自助餐馆等。

限定菜单指菜式品种相当有限的菜单。这种类型的菜单一般多为特种餐馆、快餐馆或点心小吃店等所采用。

（三）以菜单价格形式分类

1. 零点菜单

零点菜单，是上述三者中最常见、使用最广泛的一种菜单形式。是餐厅使用最为广泛的、最基本的菜单，它按一定的程序排列餐饮部提供的各式菜点，每个菜都有单独的价格，就餐宾客可以根据其口味喜好来自由选择所需的菜点。

零点菜单不但普遍适用于一般社会餐馆，而且也同样适用于旅游饭店的各类正餐厅、风味餐厅、咖啡厅等。

2. 套菜菜单（定菜菜单）

套菜，俗称公司菜，也称和菜或定菜。就是由饭店餐饮部按一般的进餐习惯为宾客提供规定的菜点，而不能由宾客自由选择。

3. 混合式菜单

混合式菜单综合了零点菜单与定菜菜单的特点和长处，因此是两者的结合。

团体包餐菜单是根据旅行社或会议主办单位规定的用餐标准来制定的，因此在安排菜品时既要让宾客吃得满意，又要保证餐饮部的利润。

宴会菜单：宴会菜品讲究外形美观，做工精细，因此价格较高。

每日特色菜单：每日特色菜单是指餐饮部根据食品原料和客源情况每天列出的需特别推荐的菜点或时令菜点的菜单。

自助餐菜单：是根据宾客进餐程序排列各式菜点的菜单。

第二节　菜单设计与制作

一、设计菜单的基本原则

设计筹划一份菜单，既要有一定的灵活性，也要遵循一些基本原则。

（一）以市场需求为导向

菜单设计是餐厅经营活动的重要一环。进行菜单设计的最终目的是促销，是为了赚钱和盈利，不是为了菜单而设计菜单。因此，菜单筹划前，一定要确立目标市场，确定你面向何方，了解客人的需要，根据客人的口味、喜好设计菜单。只有如此，菜单才能方便客人阅览、选择，才能吸引客人，刺激他们的食欲。同时，还应了解企业的人力、物力和财力，量力而行，对自己的技术、市场供应等情况做到胸中有数、确有把握，以筹划出适合餐厅经营的菜单，确保获得较高的销售额和毛利率。

（二）体现自己的特色

餐厅首先要根据自己的经营方针来决定提供什么样的菜单，是西式还是中式，是大众化菜单还是地方风味菜单。菜单设计要尽量选择反映本店特色的菜肴列于菜单上，进行重点推销，以扬己之长。即使大众化的餐厅，往往也有几道拿手菜、看家菜，如果企业没有几道稳得住、立得牢的看家菜，便很难吸引老主顾、新客源。因此，设计菜单一定要突出企业的优良特色，突出企业的"拿手好菜"和"拳头产品"，把它们放在菜单的醒目位置，单列介绍，只有体现了企业的特色，才能给顾客留下深刻印象。

（三）做到善变和翻新

喜新厌旧是每个人的心理，所以菜单设计要灵活，注意各类花色品种的搭配，菜肴要经常更换，推陈出新，给人一种新的感觉。还要考虑季节因素，安排时令菜肴。同时要顾及客人对营养的要求，顾及节食者和素食客人的营养充足度，充分考虑到食物对人体健与美的作用。因为市场的消费需求总是多变的，所以餐厅的菜单也要适时应变。所谓"变"，就是要做到"三新""两调整"。"三新"即原料要常用常新，品种要常换常新，烹调方法也要经常更新。一成不变的"老面孔"总是会让人吃腻、吃厌的。"两调整"，即调整供应结构和调整供应价格。目前，反腐倡廉，狠刹吃喝风，公款请客降温，大众消费渐兴，营养保健受到关注，这些变化都应该反映在菜单上。

（四）讲究艺术性和美感

如果不看菜单的实际功用，只从艺术的角度去看它时，这张小小的菜单完全应该是一幅艺术作品。设计菜单，要从艺术的角度去考虑菜单的形式、色彩、字体、版面安排，而且还要方便客人翻阅，使菜单成为餐厅美化的一部分。具体一点说，设计菜单应做到：

1. 风格一致

菜单的艺术设计必须适合餐厅的整体风格，包括经营风格、装潢风格。例如：历史悠久的北京老正兴饭庄的菜单，封面以古铜色的基调，上绘松鹤古灯，给人以古朴典雅之感，仿膳饭庄则以黄色为基调，上绘二龙戏珠，处处显示出自己的皇家气派。目前，菜单的彩色化趋势十分明显。彩色菜单更动人、更有趣味，但要注意：只能把少量文字印成彩色，因为大量的彩色文字读起来既不容易又伤眼神。最好的办法是选用浅色纸，既不增加成本又能使菜单显得更美。也可以使用宽彩菜单，不论纵向或横向粘在封面上，都可增加菜单的色彩，使它与周围环境相映成趣。

2. 印刷精美

印制菜单的费用是餐厅总预算中微小的一笔。由于这个原因，经营者总希望投入能带来产出，在制作菜单问题上，如果现用菜单已不能有效促销，就要及时更换，重新设计。不妨把菜单比喻成餐厅的"脸"，"脸"虽小，但不可缺。正如青春少女不惜重金美容护肤一样，餐厅也应树立正确的投资观念，花些本钱来修饰这张"脸"，使它成为餐厅档次的象征，质量的承诺。有些餐厅使用夹页式菜单，只换夹页不换夹子，时间久了，菜单表面肮脏破旧，影响了顾客的食欲，破坏了餐厅的形象。

3. 创意独特

任何事业的成功都需要不断创新，餐饮业也是如此。菜单也需要来一点别出心裁，不落俗套的设计。上海新锦江大酒店在接待日本贵宾时，曾设计出集中国书法、绘画技艺和精美菜肴绝佳组合的扇子菜单，深受客人欢迎。构思奇妙、蕴意深刻的菜单能使人长记在心，了无特色的菜单只能让人过目即忘。有的餐厅设计的独特菜单不仅起到了很好的宣传作用，而且还以艺术品出售，收入颇丰。菜单的独特创意还可与餐厅特色结合起来。如有家名叫"巴巴拉兹"馅饼馆，它的菜单展开来就跟一张馅饼一模一样，颇有独到之处。再加专营野味的餐厅要是将菜单印在兽皮或仿兽皮上，模仿成野兽形状，也是十分妥帖自然的。图9-1。

设计筹划菜单只有遵循上述原则，才能使它真正成为餐厅的宣传工具，成为你最得力的"推销员"。

二、菜单设计的基本程序

对菜单进行制作和设计时，要按部就班、有条不紊地进行。其具体程序主要包括四个步骤：

（1）准备所需参考资料，这些资料包括：各种旧菜单，包括企业正在使用的菜单。标准菜谱档案，库存信息和时令菜单、畅销菜单等。每份菜成本或类似信息，各种烹饪技术书籍、普通词典、菜单词典。菜单食品饮料一览表，过去销售资料。

（2）推行标准菜谱。标准菜谱是指关于菜点烹饪制作方法及原理的说明卡，它列明某一菜点在生产过程中所需要的各种主料、辅料及调料的名称、数量、操作方法，每份的量和装盘工具及其他必要的信息。利用标准菜谱不仅有利于计划菜肴成本，同时经营人员充分了解菜点的生产和服务要求，也有利于产品质量标准化。

（3）设计构思，刚开始构思时，最好选用一些空白表格，把可能提供给顾客的菜点、饮料、酒水等先填入表格，再综合考虑各项因素后确定菜单内容。

（4）菜单的装潢设计。在对菜单进行装潢设计时，可召集有关广告宣传、美工、有经验的厨师及相关管理人员，对菜单的封面设计、式样选择、图案文字说明等工作进行讨论。但是无论在哪个步骤，设计者必须把顾客的需求放在第一位，优先考虑他们的消费动机和心理因素，然后以此为依据，做好各步骤工作。

三、菜单设计和制作的技巧

影响菜单设计的因素有多种，如设计宴会菜单时就要多层次、多因素进行考虑，综合各种因素设计菜单。图9-1。

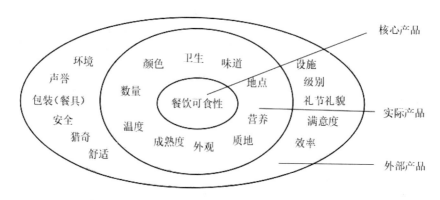

图 9-1　设计宴会菜单时要考虑到的因素

在具体设计和制作菜单时，要合理运用下述几项技巧：

（1）菜单的制作材料。菜单的制作材料不仅能很好地反映菜单的外观质量，同时也能给顾客留下较好的第一印象。因此，在菜单选材时，既要考虑餐厅的类型与规格，也要顾及制作成本，根据菜单的使用方式合理选择制作材料。一般来说，长期重复使用的菜单，要选择经久耐磨又不易沾染油污的重磅涂膜纸；分页菜单，往往是由一个厚实耐磨的封面加上纸质稍逊的活页芯组成。而一次性使用的菜单，一般不考虑其耐磨、耐污性能，但并不意味着可以粗制滥造。许多高规格的宴会菜单，虽然只使用一次，但仍然要求选材精良，设计优美，以此来充分体现宴会服务规格和餐厅档次。

（2）菜单封面与封底设计。菜单的封面与封底是菜单的"门面"，其设计在整体上影响菜单的效果，所以在设计封底与封面时要注意下面四项要求：①菜单的封面代表着餐厅的形象。因此，菜单必须反映出餐厅的经营特色、餐厅的风格和餐厅的等级等特点。②菜单封面的颜色应与餐厅部环境的颜色相协调，使餐厅部环境的色调更加和谐，这样，当顾客在餐厅点菜时，菜单可以作为餐厅的点缀品。③餐厅的名称一定要设计在菜单的封面上，并且要有特色，笔画要简单，容易读，容易记忆，这一方面可以增加餐厅的知名度，另一方面又可以树立餐厅的形象。④菜单的封底应当印有餐厅的地址、营业时间及其他的营业信息等。这样，可以借此机会向顾客进行推销。

（3）菜单的文字设计。作为餐厅与顾客沟通交流的桥梁，其信息主要是通过文字向顾客传递的，所以文字的设计相当重要。一般情况下，好的菜单文字介绍应该做到描述详尽，起到促销的作用，而不能只是列出菜肴的名称和价格。如果把菜单与杂志广告相比，其文字撰写的耗时费神程度并不亚于设计一份精彩的广告词。菜单文字部分的设计主要包括食品名称、描述性介绍、餐厅声誉的宣传（包括优质服务、烹调技术等）等三方面的内容。此外，菜单文字字体的选择也很重要，菜单上的菜名一般用楷体书写，以阿拉伯数字排列、编号和标明价格。字体的印刷要端正，使顾客在餐厅的光线下很容易看清楚。除非特殊要求，菜单要避免用外文来表示菜品。即使用外文也要根据标准词典的拼写法统一规范，符合文法，防止差错。当然，菜单的标题和菜肴的说明可用不同型号的字体，以示区别。

（4）菜单的插图与色彩运用。为了增强菜单的艺术性和吸引力，往往会在封面合页使用一些插图。使用图案时，一定要注意其色彩必须与餐厅的整体环境相协调。菜单中常见的插图主要有：菜点的图案、中国名胜古迹、餐厅外貌、本店名菜、重要人物在餐厅就餐的图片。除此之外，几何图案、抽象图案等也经常作为插图使用，但这些图案要与经营特色相对应。此外，色彩的运用也很重要。赏心悦目的色彩能使菜单显得有吸引力，更好地介绍重点菜肴，同时也能反映出一家餐厅的风格和情调。色彩能够对人的心理产生不同的反应，能体现出不同的暗示特征，因此选择色彩一定要注意餐厅的性质和顾客的类型。

菜单装帧主要体现在制作菜单的材料、形状、大小、色彩、款式及印刷等方面。其要求如下：

①在字体的大小上应适宜目标客源阅读为主。

②在字体的选择上则可灵活行事，若中式餐饮，可采用飘逸的毛笔字。

③若是儿童菜单，可选用幼稚活泼的卡通字。

④若是寿宴，可选择古老的隶书。

⑤若是正规宴会菜单，则宜选用端庄的字体。

⑥菜单上的标准色宜淡不宜浓，宜简不宜多，否则会影响到效果。

（5）菜单的规格和篇幅。菜单的规格应与餐饮内容、餐厅的类型与面积、餐桌的大小和座位空间等因素相协调，使顾客拿起来舒适，阅读时方便，因此菜单的开本和选择要慎重。调查资料表明：最理想的开本为 23 厘米 ×30 厘米。经营人员确定了菜单的基本结构和内容，并将菜品清单列出后，选择几种尺寸较适合的开本，排列不同型号的铅字进行对比。在篇幅上应保持一定的空白，通常文字占总篇幅的面积不能超过 50％。

（6）菜单的照片和图形。为了增加菜单的营销功能，许多餐厅都会把特色菜肴的实物照片印在菜单上，能为菜单增加色彩，增加其美观度，从而加快顾客订菜的速度。但是在使用照片或图片时一定要注意照片或图片的拍摄和印刷质量，否则达不到预期效果。此外，许多菜单上的彩色照片还存在着没有对号入座的毛病，即没有将彩色照片、菜品名、价格及文字介绍列在一起。解决这一问题的最简单的办法就是用小块彩色面使其突显出来。

菜单材质、款式的选择，则应体现别致、新颖、适度的准则。

【实训 15】菜单设计与制作

实训目标

通过老师的讲解，学员能了解菜单的种类、菜单的内容安排；通过学员前期的市场调研与查阅资料，学员能够为菜品恰当定价；在收集当地多家餐饮企业菜单的基础上进行小组讨论，学员能够设计制作符合餐厅特点的精美菜单；通过菜单制作与菜品定价的学习，培养学生的经营理念和经营管理能力。

课前准备

教师授课前准备电脑、投影仪、挂图、拍照设备；将学员按籍贯 4 人分为一组。

要求学生以小组为单位，分组收集当地各类菜单素材；小组讨论当地菜品特色及报价情况。

实训准备

100 张 23cm×30cm 的白纸；彩笔、签字笔、毛笔等。

实训课时

4 课时。

任务与训练方法

（1）各小组召开菜单制定会议（情景模拟），分组讨论固定式菜单和变动式菜单的设计依据、版面布局和内容安排。

（2）教师讲解菜单制作注意事项及容易出现的问题。这些问题可能体现在：菜单制作材料选择不当、规格和装帧不当、字体选择不当、随意涂改菜单，菜单利用的永续性与可读性差、菜单版面内容乏味、菜单"形象"与餐厅风格不相适应、菜单"徒有虚名"并缺乏个性。

（3）根据当地的原料和口味，自选菜品，制作一份标准菜谱。根据当地酒店提供的菜单信息，制作固定式菜单和变动式菜单（2000 元左右），交流并评价。

（4）各个小组间相互评价并做出进一步的改进；教师在投影中呈现各个小

组的菜单并总结。

|实训活动评价|

见表 9-1。

表 9-1　菜单设计与制作技能评价表

小组成员					
考评地点					
考评内容	菜单设计与制作技能				
考评标准	评价指标	分值/分	自我评价/分	小组评议/分	实际得分/分
	菜单中菜品具有当地特色	25			
	菜品价格合理	5			
	菜品顺序呈现合理	5			
	菜单形象与餐厅风格相适应	15			
	菜单的永续利用性	10			
	菜单图片以及文字可读性	10			
	菜单版面、字体	5			
	菜单选用材料恰当	10			
	菜单规格及装帧合理	15			
合计		100			

总得分＝自我评价分 ×40%+ 小组评议分 ×60%；考评满分为 100 分。

参考文献

［1］毛慎琦.餐饮服务技能实训（第2版）［M］.北京：机械工业出版社，2013.

［2］龚建红.餐饮服务技能训练［M］.重庆：重庆大学出版社，2015.

［3］管文涛.农家乐服务［M］.北京：中国劳动社会保障出版社，2014.

［4］张文莲，杨志武.农家乐经营实务［M］.武汉：武汉大学出版社，2014.

［5］杜建华.酒店餐饮服务技能实训［M］.北京：清华大学出版社，2009.

［6］农家乐（乡村游）服务宝典编委会.农家乐乡村游之餐饮服务［M］.北京：旅游教育出版社，2011.

［7］刘正华，郭伟强.现代饭店餐饮服务与管理［M］.北京：旅游教育出版社，2016.

［8］郑和钧，邓京华.高中生心理学［M］.杭州：浙江教育出版社，1993.

［9］田均平.餐饮店员服务流程规范［M］.北京：中国时代经济出版社，2007.

［10］陆永庆，王春林.旅游交际礼仪［M］.北京：东北财经大学出版社，2001.

［11］张文侠.饭店服务技能［M］.天津：南开大学出版社，2006.

［12］左冬梅，赵广欣.酒店员工培训教程［M］.北京：机械工业出版社，2018.

［13］于百战，邹军.餐饮服务员职业技能培训手册［M］.广州：广东经济出版社，2008.

［14］刘俊敏.酒店餐饮部精细化管理与服务规范（第2版）［M］.北京：

人民邮电出版社，2011.

［15］浙江省教育厅职成教教研室.西餐服务［M］.北京：高等教育出版社，2010.

［16］李丽.旅游心理学［M］.兰州：甘肃人民出版社，2014.

［17］苏波儿.点菜服务技艺［M］.北京：高等教育出版社，2011.